*Anita Albus*

Im Licht der Finsternis

Anita Albus wurde 2004 mit dem Johann-Heinrich-Merck-Preis ausgezeichnet, weil sie in ihren Essays »die Präzision der Poesie und die Phantasie der Naturwissenschaft vereint«. Nun zeigt sie Niegesehenes in der *Suche nach der verlorenen Zeit,* die Vielfalt der Sinnebenen im Werk von Marcel Proust, den sie als einen Dichter versteht, der in einem Wald von Symbolen unter einem mit Gedanken besäten Himmel die Sichtbarkeit des Unsichtbaren darstellt.

Anita Albus

# IM LICHT DER FINSTERNIS

*Über Proust*

S. Fischer

Zum Titelbild:
Barthélemy d'Eyck, Illumination zum *Livre du Cœur d'amour épris* des Königs René d'Anjou, 15. Jahrhundert. Österreichische Nationalbibliothek, Wien.
Das Bild zeigt den schlafenden König und Dichter, dessen liebentbranntes Herz Amor nimmt, um es dem Knappen *Ardent Desir,* »Brennendes Begehren«, zu übergeben.


Frankfurt am Main
ISBN 978-3-10-000624-0

# Inhalt

*Wenn die Scholastik von Schönheit spricht, so ist damit ein Attribut Gottes gemeint. Schönheitsmetaphysik (z. B. bei Plotin) und Kunsttheorie haben nicht das Geringste miteinander zu tun. Der »moderne« Mensch überschätzt die Kunst maßlos, weil er den Sinn für die intelligible Schönheit verloren hat, den der Neuplatonismus und das Mittelalter besaß.* Sero te amavi, pulchritudo tam antiqua et tam nova, sero te amavi *sagt Augustin zu Gott* (Conf. X 27,38). *Hier ist eine Schönheit gemeint, von der die Aesthetik nichts weiß.*

Ernst Robert Curtius

# I
# Die gemordeten Kathedralen

Als Notre-Dame de Chartres am 11. Juni 1194 in Flammen aufging, befürchteten die Einwohner der Stadt das Schlimmste: die Vernichtung der kostbarsten Reliquie Frankreichs. Die Heilige Tunika, das von der Jungfrau im Augenblick der Verkündigung getragene Gewand, war einst vom Kaiser des Orients aus Byzanz an Karl den Großen gesandt worden. 876 hatte es Karl der Kahle der Kathedrale von Chartres vermacht.

Solange die Trümmer rauchten, war das Schicksal der Reliquie ungewiß. Als am dritten Tag die Geistlichen mit dem kostbaren Schrein aus der Krypta stiegen, wo sie während des Brandes Zuflucht gefunden hatten, war die Freude unermeßlich. Auch die herrliche Westfassade der Kathedrale mit den Königsportalen und den beiden Türmen war unversehrt geblieben. Gerührt vom Wunder der geretteten Tunika, taten die Menschen überall Buße und vergaben ihren Feinden. Sogleich machten sich die Gläubigen daran, mit jener Begeisterung, der sich in den vierziger Jahren die wie durch Zauber hochgezogenen Türme verdankt hatten, eine noch größere und prächtigere Kathedrale zu bauen. In großen Scharen zogen aus dem ganzen Land Männer und Frauen aller Stände ihre mit Steinen, Holz und Proviant beladenen Fuhrwerke auf rauhen und

*Königsportal der Kathedrale von Chartres,*
Zeichnung von T. M. Rooke.
Aus: *Works,* Bd. 16.

morastigen Wegen nach Chartres. »Unter ihnen herrschte eine perfekte Disziplin und tiefe Stille«, berichtet ein Zeuge solcher Pilgerzüge, »während der Nacht bildeten sie ein Lager mit ihren Wagen, erleuchteten sie mit Kerzen und sangen Lobgesänge.«[1]

In wenigen Jahrzehnten war das Wunderwerk der Gotik mit zehntausend in Stein gemeißelten und in Glas gemalten Figuren vollbracht, ein Himmlisches Jerusalem für die zehntausend Einwohner der Stadt. Niemals hat es eine vergleichbare Anstrengung gegeben, den Menschen zu erheben, schreibt Emile Mâle 1948 und fragt sich »mit Grausen, was Frankreich wäre und was die Welt, wenn diese erhabenen Monumente, die eine so hohe Meinung von der Menschheit darbieten, eines Tages verschwinden würden«.[2]

Die Verheerungen des Ersten Weltkriegs waren noch nicht vorstellbar, als Marcel Proust im *Figaro* schrieb, die Zweckentfremdung von Kirchen und Kathedralen, wie sie im Gesetz zur Trennung von Kirche und Staat vorgesehen war, wäre noch schlimmer als ihre Zerstörung. Proust hatte 1899 das »wunderbare Buch« von Mâle *L'Art religieux du XIII^e siècle en France* gelesen. In diesem Meisterwerk der Verlebendigung mittelalterlicher Kunst erscheint die gotische Kathedrale als visuelle *Summa* der Scholastik, als heilige Schrift, Arithmetik und fixierte Musik und als Ganze bis ins kleinste Detail von der gleichen Symbolik beseelt wie die Liturgie, die sich in ihr vollzieht. »Im Mittelalter ist alle Form das Gewand eines Denkens. Man möchte meinen, dieses Denken arbeite im Inneren einer Materie und gestalte sie.«[3] Die Konstruktion

[1] Haimon, abbé de Saint-Pierre-sur-Dives, zit. nach Mâle 1948, S. 25 f.
[2] Ebd., S. 176.
[3] Mâle 1899, S. II.

einer Kathedrale folgt den gleichen Regeln »einer Art heiliger Mathematik« wie die Komposition eines großen Werks der Dichtkunst. Von Dante schreibt Mâle, er habe in Gestalt der *Göttlichen Komödie* »cum pondere et mensura« seine unsichtbare Kathedrale erbaut.[1]

Wie der große Enzyklopädist des Hochmittelalters Vinzenz von Beauvais, in seinem *Speculum maius,* hat Mâle seine Ikonographie der Kathedrale in vier Bücher unterteilt: »Spiegel der Natur«, »Spiegel der Wissenschaft«, »Spiegel der Moral« und »Spiegel der Geschichte«. Das erste Buch spiegelt die sinnerfüllte Natur und zeigt »den mittelalterlichen Denker inmitten eines Waldes von Symbolen, unter einem mit Gedanken besäten Himmel«.[2] Das zweite Buch spiegelt jegliche Arbeit, die des Geistes wie die der Hände, als Königsweg zum Heil und zeigt den Mystiker, der die Zeit als Schatten der Ewigkeit versteht. Das dritte Buch spiegelt die Seelenkämpfe der Tugenden und Laster und lehrt, daß tätiges und beschauliches Leben gleichermaßen gottgefällig sind. Die vom vierten Buch gespiegelte Geschichte reicht vom Alten Testament, den Evangelien, Apokryphen und Heiligenlegenden über die Mythen der Antike und Frankreichs profane Geschichte bis ans Ende der Zeiten mit dem Jüngsten Gericht.

Man kann sich vorstellen, welche Offenbarung dieses Werk für den künftigen Verfasser der *Recherche* gewesen sein muß. Die Kunst war für ihn »das Wirklichste, was es gibt, die strengste Schule des Lebens, das wahre Jüngste Gericht«.[3] Getreu der mittelalterlichen Lehre: *Intra se*

[1] Ebd., S. 13. [2] Ebd., S. 31.

[3] TR, 458. K, WZ, 278. Ich habe mich bemüht, Proust so wörtlich wie möglich zu übersetzen. Nicht auf das schöne, auf das wahre Wort kam es ihm an. Ein Schriftsteller ersten Ranges, schreibt er in einer Fußnote zu seiner Übersetzung von Ruskins *Sésame et les Lys,* benutze eben dieselben

*ipsum quasi in libro scriptum attendat,*[1] faßte er sie als Entzifferung der in ihm selbst schlummernden Hieroglyphen auf.

Das Errichten eines Gebäudes und das Zusammenheften der Teile eines Kleides bezeichnet im Französischen ein und dasselbe Wort: *bâtir.* In der *Wiedergefundenen Zeit* erklärt Proust, er wage nicht in ehrgeiziger Weise zu sagen, er würde sein Buch *bâtir* wie eine Kathedrale, sondern ganz einfach wie ein Kleid. Die Bescheidenheitsformel verschleiert die Einheit von Buch, Kleid und Kathedrale.

Proust hat seine »Kathedrale« mit der gleichen Opferbereitschaft, Gewissenhaftigkeit und Liebe erbaut wie die Gläubigen des Mittelalters die ihren, und er hat, wie der letzte Satz der *Wiedergefundenen Zeit* uns lehrt, seine »Figuren« in die gleiche Dimension der Ewigkeit gestellt. In seinem Glanzstück über die Dorfkirche in »Combray« nennt er sie »die vierte Dimension der Zeit«. Er hatte noch einen Monat zu leben, als er an Ernst Robert Curtius schrieb, die Wahrheit liege jenseits. Ohne die Perspektive der Unsterblichkeit, die sich ihm durch die »göttliche Speise« einer in Tee getauchten Madeleine offenbarte, wäre die *Recherche,* wie die zweckentfremdeten Kathedralen, ihres Sinns beraubt. »Wenn das Opfer von Christi Fleisch und Blut nicht mehr in den Kirchen zelebriert wird, werden sie ohne Leben sein«, schreibt er gegen die von

Worte, die ihm eine innere Notwendigkeit diktiere, die Vision seines Denkens, an der er nichts ändern könne – »und ohne sich zu fragen, ob sie dem gewöhnlichen Leser gefallen oder ihn vertreiben«. (SL, 85) Für die Leser, die des Französischen nicht mächtig sind, wird auf die von Luzius Keller revidierte Übersetzung von Eva Rechel-Mertens verwiesen, die mit meiner nur partiell übereinstimmt.

[1] Guibert de Nogent, zit. nach Ernst Robert Curtius, *Europäische Literatur und lateinisches Mittelalter,* Tübingen und Basel 1948, 11. Aufl. 1993, S. 322.

der Linken geplante Umwandlung sakraler in profane Räume. In der vollständigen Fassung von »Der Tod der Kathedralen« im *Figaro* vom 16. August 1904 geht dem zitierten Satz eine Passage voraus, in der die Bedeutung, die Proust der Einheit von Kirche und Kult beimißt, in einem grellen Licht erscheint: »Es gibt heute keinen Sozialisten von Geschmack, der die Verstümmelungen all der Statuen, die Zertrümmerung all der Glasfenster, die die Revolution unseren Kathedralen zugefügt hat, nicht beklagte. Ach, es ist immer noch besser, eine Kirche zu verwüsten, als sie ihrem Zweck zu entfremden. Solange man in ihr noch die Messe zelebriert, bewahrt sie, so verstümmelt sie auch sein mag, wenigstens noch ein bißchen Leben. Am Tag ihrer Zweckentfremdung ist sie tot, und selbst wenn man sie als historisches Denkmal vor anstößigen Zwecken schützt, ist sie nichts weiter als ein Museum.«[1]

Als Bürger von Vézelay die Zweckentfremdung ihrer weltberühmten Basilika forderten, meinte der Schriftsteller André Hallay, der Antiklerikalismus rege zu großen Dummheiten an. Der Satz, den Proust in seinem *Figaro*-Artikel zitiert, kann ihm nur als Euphemismus recht gewesen sein. In seinen Augen war es ein Verbrechen, die Kirchen ihres inneren Lebens zu berauben, weshalb er der Sammlung seiner Kathedralen-Aufsätze den Titel »Zum Gedenken an die gemordeten Kathedralen« gab.

In dieser Sammlung gehen dem »Tod der Kathedralen« zwei Studien zu John Ruskin voraus, die ursprünglich das Vorwort zu seiner Übersetzung der *Bibel von Amiens* bildeten. Ruskins Hauptreligion, erklärt Proust, sei schlicht und einfach die Religion gewesen. Was diese lehrt, ist in

[1] CSB, 774.

der von ihm zitierten Schlußpassage der *Bibel von Amiens* zusammengefaßt:

»Aber wenn Sie, die Wesen liebend, die ihresgleichen sind, verspüren, daß Sie Wesen, die besser sind als Sie selbst, noch inniger lieben würden, falls Ihnen solche offenbart würden; wenn Sie, während Sie sich mit aller Kraft um eine Besserung der Übel bei Ihnen und in Ihrem Umkreis bemühen, es lieben, an den Tag zu denken, an dem der Richter der ganzen Erde alles gerecht machen wird und an dem sich allseits die kleinen Hügel freuen werden; wenn Sie bei der Trennung von den Gefährten, die Ihnen die größte Freude auf Erden geschenkt haben, sich wünschen, ihren Blicken einst wiederzubegegnen, ihnen erneut die Hände zu drücken – dort, wo die Blicke nicht mehr verschleiert, die Hände nicht mehr trügerisch sein werden; wenn Sie, während Sie sich darauf vorbereiten, stumm und einsam unter dem Rasen zu liegen, ohne Schönheit zu sehen, ohne Freude zu empfinden, sich ausschließlich mit der Ihnen gegebenen Verheißung einer Zeit beschäftigen wollen, da Sie das Licht Gottes sehen und die Dinge, nach deren Erkenntnis Sie dürsten, erkennen und im Frieden ewiger Liebe wandeln werden – dann ist die Hoffnung auf all diese Dinge für Sie die Religion, und deren Substanz ist in Ihrem Leben der Glaube.«[1]

Wie sich diese Lehre, die mit der übereinstimmt, »die die Menschen des 13. Jahrhunderts in der Kathedrale suchten«,[2] mit der der *Recherche* berührt, offenbaren die Gedanken über den Tod von Bergotte im Band *Die Gefangene:*

»Tot für immer? Wer kann es sagen. Gewiß erbringen spiritistische Experimente nicht deutlicher als religiöse

[1] CSB, 103. K, NV, 140ff. [2] CSB, 104. K, NV, 142.

Dogmen den Beweis für das Fortleben der Seele. Man kann nur sagen, daß alles in unserem Leben sich so vollzieht, als träten wir bereits mit der Bürde in einem früheren Dasein übernommener Verpflichtungen in das derzeitige ein; es besteht kein Grund in den Bedingungen unseres Erdendaseins selbst, weshalb wir uns für verpflichtet halten, das Gute zu tun, zartfühlend, ja auch nur höflich zu sein; auch nicht für den atheistischen Künstler, weshalb er sich gedrungen fühlen soll, zwanzigmal ein Werk von neuem zu beginnen, dessen Bewunderung seinem von Würmern zerfressenen Leib wenig ausmachen wird, ein Werk wie das gelbe Mauerstück, welches mit so viel Können und letzter Verfeinerung ein auf alle Zeiten unbekannter und nur notdürftig unter dem Namen Vermeer identifizierter Maler geschaffen hat. Alle diese Verpflichtungen, die im gegenwärtigen Dasein nicht hinlänglich begründet sind, scheinen einer anderen, auf Güte, auf Gewissenhaftigkeit, auf Opferbereitschaft basierenden Welt anzugehören, einer Welt, die vollkommen anders als unsere hiesige ist, aus der wir aber gekommen sind, um auf dieser Erde geboren zu werden, bevor wir vielleicht in jene zurückkehren, um wieder unter der Herrschaft jener unbekannten Gesetze weiterzuleben, denen wir gehorchen, weil wir ihr Gebot in uns tragen, ohne zu wissen, wer es dort eingeschrieben hat – Gesetze, denen alle vertiefte Arbeit des Geistes uns näherbringt und die einzig den Dummköpfen – und vielleicht nicht einmal diesen – unsichtbar bleiben.«[1]

*Religio* bedeutet ursprünglich »rücksichtliche Beachtung, auf einem inneren Gefühl beruhende Sorgfalt und Genauigkeit«. Nicht nur in diesem Sinne war Proust ein

[1] Pr, 693. K, DG, 263f.

religiöser Mensch. »Wenn ich keinen Glauben habe, wie Du meinst«, schreibt er im September 1915 an Lionel Hauser,[1] »fehlt es dagegen an keinem Tag meines Lebens an ausschließlicher Beschäftigung mit religiösen Gedanken. Ich habe übrigens erst kürzlich mit Herrn Neuburger darüber gesprochen (brieflich natürlich), um ihm zu sagen, es sei möglich, daß er seinen Sohn wiedersehe. Allein, je religiöser man ist, desto weniger wagt man in der Bejahung über das hinauszugehen, was man glaubt. Nun leugne ich aber nichts und glaube an die Möglichkeit von allem, die Einwände, welche auf der Existenz des Bösen gründen, kommen mir absurd vor, denn mir scheint, daß allein das Leiden aus dem Menschen mehr als eine Bestie gemacht hat und weiterhin macht.«[2]

Sieben Jahre später geht im besagten Brief an Curtius dem Verweis auf das Jenseits der Satz voraus: »Ein wenig Wissenschaft entfernt von Gott, viel Wissenschaft führt zu ihm zurück.«[3] Wie der von ihm bewunderte weise Erforscher der Grabwespe, Jean-Henri Fabre, hätte er sagen können: »Ich glaube nicht an Gott – ich sehe ihn!« Und wo hätte dem Meister des Auferstehungsgebäcks und Schmerzensmann der *Recherche* der mystische Leib Christi ergreifender erscheinen können als im »heiligen Drama« der Messe in einer gotischen Kathedrale? Jedes Wort, jede Zahl, jede Haltung, jede Geste, jede Gestalt und jedes Ding, von den fünf Weihrauchkörnern in der einen Osterkerze bis zu den Farben, Mustern, Teilen des Priesterornats, hat im traditionellen Ritus eine symboli-

[1] Lionel Hauser, Bankier der Bank Warburg, war ein Cousin von Proust und lange Zeit sein Berater in finanziellen Angelegenheiten.

[2] *Lettres,* S. 738.

[3] *Briefe zum Werk,* hrsg. von Walter Boehlich, übers. von Wolfgang Peters, Frankfurt a. M. 1964, S. 495.

sche Bedeutung, die sich auf den Erlöser bezieht. »Niemals wurde ein vergleichbares Schauspiel, ein so riesiger Spiegel der Wissenschaft, der Seele und der Geschichte den Blicken und der Einsicht des Menschen geboten. Die gleiche Symbolik umfaßt sogar noch die Musik, die nun in dem großen Schiff zu hören ist und deren sieben gregorianische Töne die sieben göttlichen Tugenden und die sieben Weltzeitalter vorstellen. Man kann sagen, daß eine Wagner-Aufführung in Bayreuth (...) recht wenig hermacht neben der Zelebrierung des Hochamts in der Kathedrale von Chartres.«[1]

Das Wesen der Schönheit dieser Feier erhellt Proust mit der kontrastierenden Vision einer künftigen Welt ohne Glauben, in der »Karawanen von Snobs« der Ästhetik huldigen, indem sie der nach Jahrhunderten wieder rekonstruierten Messe beiwohnen, die in den Kathedralen von Schauspielern aufgeführt wird. Wie perfekt sie auch inszeniert wäre, vom Wesen ihrer Schönheit bliebe kein Hauch.

Wenn die Kathedralen, wie er betont, »nicht nur die schönsten Denkmäler unserer Kunst sind, sondern zugleich die einzigen, die noch ein ganzheitliches Leben führen, die im Zusammenhang mit dem Zweck verblieben sind, zu dem sie geschaffen wurden«, so war das »dem Fortleben derselben Riten in der katholischen Kirche und andererseits des katholischen Glaubens im Herzen der Franzosen« zu verdanken.[2]

Es war nicht nur der Kathedralen-Plan der Regierung Combes, der Proust empörte, wie ein Brief vom Juli 1903 belegt, den er im Anschluß an einen Streit über die »vermaledeiten Gesetze« mit seinen Freunden Bertrand

[1] CSB, 146f. K, NV, 201. [2] CSB, 143. K, NV, 197.

de Fénelon und Georges de Lauris an letzteren adressierte. Zu dieser Zeit waren Combes Widersacher die Klerikalen der »Action française«, Ungläubige wie Barrès und Maurras, die die Kirche für ihre Politik instrumentalisierten. »Nichts ist weniger katholisch, nichts heidnischer, nichts barbarischer als eine solche Lehre«, wird der Schriftsteller und Proust-Freund Jacques Rivière 1920 schreiben.

»Ich begreife nicht im geringsten, was Sie eigentlich wollen«, schreibt Proust dem antiklerikal gesinnten de Lauris, »ich glaube nicht, daß es Ihr Wunsch ist, alle Franzosen wären gleich, ein Traum, der Gottseidank nie Wirklichkeit werden kann, weil er zu töricht ist; aber zweifellos wünschen Sie, alle Franzosen wären Freunde oder könnten es wenigstens sein, (...) so daß im gegebenen Falle keine Feindschaft von vornherein das Walten der Gerechtigkeit zu verfälschen vermöchte, wie dies vor einigen Jahren geschah.«[1] Damals hatten sie sich gemeinsam für Dreyfus eingesetzt. Nun begrüßte de Lauris die Beseitigung des Schulwesens religiöser Orden, weil diese ihre Schüler lehrten, Juden zu verabscheuen. Wohl wahr, aber die Gegenseite wende die gleichen Methoden an, entgegnet Proust. Der Pfarrer von Illiers etwa werde seit den antiklerikalen Dekreten von 1880 nicht mehr gegrüßt und von Veranstaltungen ausgeschlossen. Von ihm habe er Latein und die Namen der Blumen gelernt. Ehrwürdiger als die Honoratioren des Ortes sei er allemal, und sei es auch nur um des Geistes willen, den der zum Himmel weisende Kirchturm verkörpere. Statt Einheit zu stiften, vertieften die antiklerikalen Maßnahmen den Graben, der das Land spalte. »Wenn die Lehrorden verschwänden und der Ka-

[1] *Lettres,* S. 244.

*Schiff der Abteikirche Fontenay um 1890.*
Die 1119 vom heiligen Bernhard als Tochterkloster von Clairvaux gegründete Zisterzienserabtei Fontenay wurde 1791 in eine Papierfabrik verwandelt. Im 19. Jahrhundert diente das Kirchenschiff als Lumpen- und Papierlager.
Photo: Collection Aynard. Ich danke Hubert Aynard für die Abdruckgenehmigung.

tholizismus in Frankreich ausgelöscht würde«, sagt Proust voraus, wären die Klerikalen, die sich einen Teufel um den Glauben scherten, »nur um so gewaltsamere Antisemiten, Dreyfus-Gegner und Antiliberale, wären ebenso zahlreich und noch hundertmal schlimmer. (...) Könnte man statt der Freiheit des Unterrichts die Freiheit der Presse einschränken, würde man vielleicht die Fermente der Spaltung und des Hasses ein wenig abschwächen ...«[1] Man könne den christlichen Geist nicht dadurch töten, daß man die christlichen Schulen schließe, denn wenn ihm zu sterben bestimmt sei, werde er selbst unter einer Theokratie sterben, auch habe der christliche Geist und sogar das katholische Dogma nichts mit dem Parteigeist zu tun, »den wir zerstören wollen«. Der Brief endet mit dem Satz: »Zur Zeit machen die Sozialisten, indem sie antiklerikal sind, den gleichen Fehler wie 1897 die Klerikalen, als sie Dreyfus-Gegner waren. Jene büßen es heute, wir werden es morgen büßen.«[2]

Jahre zuvor hatte er schon einmal seine Gedanken über den christlichen Geist festgehalten: »Anarchisten, die sich vorstellen, sie würden, nachdem sie die Welt mit Ungerechtigkeit erobert hätten, Gerechtigkeit in ihr herrschen lassen, die gedenken, die Nächstenliebe durch Gewalt triumphieren zu lassen, mißverstehen die Bedeutung der Worte Gerechtigkeit und Nächstenliebe und das Wesen dieser Tugenden. Alle Vermögen könnten mit Gewalt gleichmäßig verteilt werden. Nie wäre man ferner von einer Herrschaft der Gerechtigkeit auf Erden. Die Antisemiten, gewalttätig, schmähsüchtig, ausschließend, können mit Gewalt das Universum zum Katholizismus bekehren. An jenem Tag wird das Universum entchristianisiert sein,

[1] Ebd., S. 245. [2] Ebd., S. 247.

denn Christentum bedeutet den inneren Gott, die vom Herzen ersehnte, vom Gewissen erkannte Wahrheit. Unterwerfen wir nie einer dunklen, fernen und ungewissen Pflicht die klare, unmittelbare Pflicht zu Gerechtigkeit und Nächstenliebe.«[1]

Das mindeste, was Proust von den Antiklerikalen verlangte, war, daß »sie etwas feinere Unterschiede im Denken zu machen lernten und, bevor sie die Spitzhacke ansetzten, die großen gesellschaftlichen Gebäude, die sie zerstören wollen, sich näher anschauen«.[2] Über hundert Jahre sind seit der Trennung von Kirche und Staat in Frankreich vergangen. In den seither vom Staat als historische Denkmäler erhaltenen großen Kathedralen erklingen die sieben gregorianischen Töne nur noch aus den Audioguides am Ohr der »Museumsbesucher«.

Das Erlöschen des Glaubens offenbaren nicht nur die in die Verantwortung der Gemeinden gestellten verwahrlosten kleinen Kirchen auf dem Land, wo manche Pfarrer bis zu sechzig Gemeinden zu betreuen haben und wo, außer bei Beerdigungen, nur noch Greise am Gottesdienst teilnehmen, es spiegelt sich auch in der Gestalt der Messe. An die Stelle des gregorianischen Wechselgesangs von Priester, Schola und Kirchenvolk ist ein eher an ältliche Schlager als an Sakralmusik erinnernder Singsang der Gemeinde getreten, der von einem ihrer Mitglieder armeschwenkend vom Pult aus dirigiert wird. Die eingedampften Texte der Messe werden vom Priester gesprochen, der hinter dem Volksaltar den Gläubigen das Mysterium der Wandlung gleichsam vorspielt, wie der Zauberer auf dem berühmten Bild von Hieronymus Bosch seinen Kugeltrick den leichtgläubigen Gaffern.

[1] »L'Esprit chrétien et le patriotisme de Tolstoi«, CSB, 366. K, E, 82.
[2] *Lettres,* S. 246.

*Schiff der Abteikirche Fontenay als Museum.*
1906 erbte Edouard Aynard die Papierfabrik und entschied, ihr die Gestalt einer Abtei zurückzugeben. Nach Vollendung der sorgfältigen Restaurierung wurde Fontenay zum »Weltkulturerbe« erklärt. Der Bankier und Politiker Edouard Aynard (1837-1913) war Proust als »ein bewundenswerter Mann und großer Geist« bekannt. (*Lettres,* S. 247)

Man muß nicht katholisch sein, um die Verarmung der Liturgie zu beklagen. Claude Lévi-Strauss, der sich zu keiner Religion bekannte, hat 1979 der Zeitung *La Croix* ein Interview gegeben, in dem er auf die Vorgänge in der Kirche seit dem letzten Konzil zu sprechen kommt, die ihn beunruhigen: »Von außen gesehen scheint es mir, daß man den religiösen Glauben (oder seine Ausübung) eines großen Teils jener Werte beraubt, die das Gefühl ansprechen, das nicht weniger wichtig ist als die Vernunft. Was mir auffällt, ist die Verarmung des Rituals. Ein Ethnologe hat vor dem Ritual stets den größten Respekt. Um so mehr, als die Wurzeln des Rituals in ferner Vergangenheit liegen. Er sieht darin ein Mittel, bestimmte Werte unmittelbar sichtbar zu machen; sie würden die *Seele* weniger unmittelbar berühren, wenn man versuchte, sie mit rein rationalen Mitteln durchzusetzen.« Keine Gesellschaft könne auf streng rationalen Grundlagen ruhen. »Um zusammenleben zu können«, sagt Lévi-Strauss, »brauchen die Menschen etwas mehr, ein Wertesystem, das für sie unanfechtbar ist und ein lebendiges Band zwischen ihnen bildet.«[1] Jahrzehnte später von *Les Temps modernes* auf die Beziehung zwischen der Welt der Toten und der der Lebenden in unserer Gesellschaft angesprochen, zitiert er einen Landpfarrer aus Burgund, der ihm sagte, »daß den Franzosen als einzige Religion der Totenkult verblieben ist«.[2] Dieser aber gilt nur den jüngst Verstorbenen.

Am Ende seiner Verteidigung der lebenden Kathedrale läßt Proust die Glasfenster aufleuchten, in denen die Stifter

[1] *La Croix* vom 24. Januar 1979, abgedruckt in: Claude Lévi-Strauss, *Mythos und Bedeutung*, hrsg. von Adelbert Reif, übers. von Peter Aschner, Frankfurt a. M. 1980, S. 281, 280.

[2] »Le coucher de soleil. Entretien avec Boris Wiseman«, in: *Les Temps modernes* 628, 2004, S. 18.

*Die Kathedrale von Chartres vom Fluß aus gesehen,*
Aquarell von T. M. Rooke, um 1885.
Aus: *Works,* Bd. 30.

verewigt sind: »da erscheinen nicht nur die Königin und der Fürst, die ihre Insignien tragen, Krone oder Kette vom Goldenen Vlies. Die Wechsler haben sich darstellen lassen, wie sie den Feingehalt der Münzen prüfen, die Kürschner, wie sie ihre Pelze verkaufen (...), die Fleischer, wie sie Ochsen schlachten, die Ritter, wie sie ihre Wappen tragen, die Steinmetzen, wie sie Kapitelle behauen.« Und dann schildert er, wie es denen, die »es verdient haben, daß ihnen auf Dauer ein Gebet zugestanden wird«, in den toten Kathedralen ergehen würde: »Aus ihren Fenstern in Chartres, in Tours, in Sens, in Bourges, in Auxerre, in Clermont, in Toulouse, in Troyes werden die Küfer, Kürschner, Krämer, Pilger, Ackersleute, Waffenschmiede, Weber, Steinmetzen, Fleischer, Korbflechter, Schuhmacher, Wechsler, eine große stumme Demokratie, Gläubige mit dem festen Willen, am Gottesdienst teilzunehmen, die Messe nicht mehr hören, die sie sich gesichert hatten, als sie die glänzendste ihrer Münzen für den Kirchenbau stifteten. Die Toten leiten nicht mehr die Lebenden. Und die Lebenden, vergeßlich, erfüllen nicht mehr die Gelübde der Toten.«[1]

Sollten dereinst in der Nacht der Ostervigil, dem größten Fest im Kirchenjahr, in Notre-Dame de Chartres die verheißungsvollen Kapitel aus dem Alten Testament – von der Erschaffung der Welt bis zu den Jünglingen im Feuerofen – wieder in alter Weise gesungen werden, wäre die Zeit im Säulenwald der Kathedrale aufgehoben wie im Blätterwald der siebenbändigen Kathedrale der *Recherche.*

[1] CSB, 149. K, NV, 205.

## II
# Die Zeit der Caritas

In *Sodom und Gomorrha* vergleicht sich der Erzähler mit einer Eule, die nur in der Dunkelheit einigermaßen klar sieht. Mitten in der Nacht zog Marcel Proust im Januar 1913 einen Pelz über sein Nachthemd und begab sich zur Kathedrale Notre-Dame de Paris, wo er über zwei Stunden vor dem Portal der heiligen Anna, reglos wie eine auf Beute lauernde Eule, in Betrachtung der Skulpturen versunken blieb. Der erste Band seines Romans war geschrieben, einen Verleger suchte er noch. Als Titel des dreibändigen Werks hatte er *Les intermittences du cœur* gewählt, aber nachdem der Roman *Le cœur en désordre* von Binet-Valmer erschienen war, entschied er sich für *À la recherche du temps perdu.* Wie Ruskin in den *Steinen von Venedig* ein Kapitel »Die Vorhalle« nennt, obwohl er eine solche darin mit keinem Wort erwähnt, wollte Proust den ersten Band der *Recherche* ursprünglich *Vorhalle* nennen, nicht weil darin eine solche vorkommt, sondern zur Hervorhebung der Kathedralenkonstruktion; und wie Ruskins Kapitel, nach seinem Inhalt benannt, »Unterwegs nach Venedig« heißen könnte, hat Proust seine »Vorhalle« schließlich *Unterwegs zu Swann* genannt. Die Idee der Konstruktion seines Romans sei keinen Augenblick aus seinem Kopf gewichen, sagt der Erzähler

*Die drei westlichen Portalvorhallen der Kathedrale von Amiens.* *The Three Western Porches* lautet die Bildunterschrift bei Ruskin. Die deutsche Fachsprache unterscheidet »Vorhalle« oder »Portalvorhalle« – das mit einem hallenartigen Vorbau versehene Portal – vom »Portal«, dessen Gewände und Gewölbe gleichsam eine angedeutete Vorhalle bilden. Ruskin und Proust aber nennen beide Portalarten *porche.* Ich übersetze hier wie im Essay in diesem wörtlichen Sinn.

Aus: *Works,* Bd. 33.

in *Le Temps retrouvé,* der das Schreiben noch vor sich hat. »Ich wußte nicht, ob es eine Kirche sein würde, in der die Gläubigen nach und nach die Wahrheiten vernehmen und die Harmonien entdecken könnten, den großen Plan des Ganzen, oder ob mein Werk wie ein Druidenmal auf dem Gipfel einer Insel für immer unbesucht dastehen würde.«[1]

Als Francis Jammes in seine Lobeshymne auf *Unterwegs zu Swann* eine Kritik an der sadistischen Szene mit Mademoiselle Vinteuil und ihrer Gespielin einflocht und Proust bat, sie zu streichen, entgegnete der »Baumeister«, wenn er diese tragende Säule mit den obszönen Darstellungen im Kapitell entferne – deren Bedeutung sich erst im vierten oder fünften Band erschließe –, würde er damit das ganze Gebäude zum Einsturz bringen.[2] Denkt man an die Verzettelung des Manuskripts der *Recherche* die Myriaden von Einschüben auf den eingeklebten *paperoles,*[3] scheint Prousts Vergleich der Entstehung seines Romans mit dem Flickwerk von »Françoise« viel angemessener als der mit dem planvollen Bau einer Kathedrale. Sein Verfahren jedoch, eine Malerei, ein Musikstück, eine Kirche, eine Figur aus »Bruchstücken« verschiedener Epochen zusammenzusetzen, die vielen Bildern, Kompositionen, Kirchen und Personen entnommen sind, entspricht ganz der Spolien-, Pasticchio- oder Collage-Architektur Venedigs.[4] Deren Baumeister waren, wie Ruskin schreibt, »aus

[1] TR, 618. K, WZ, 516 f.

[2] François Mauriac, *Du côté de chez Proust,* Paris 1947, S. 21 f.

[3] *paperole* ist ein Schachtelwort aus *papier* und *parole,* das die treue Dienerin Celeste Albaret erfand; die ins Manuskript geklebten Zettel wurden eigentlich *béquets* genannt, aber Proust selbst bezeichnet die ziehharmonikaartig aneinandergeklebten Zettel im Manuskript als *paperoles* (TR, 611). Ausgefaltet mißt das längste Leporello einen Meter sechzig.

[4] *Steine,* Bd. III, S. VIII.

alten, schönen Städten verbannt, und daran gewöhnt gewesen, mit ihren Trümmern zu bauen, die sie ebenso bewunderten, wie sie sie liebten; so waren sie nicht nur damit vertraut geworden, ältere Bruchstücke an modernen Gebäuden anzubringen, sondern sie verdankten dieser Gewohnheit einen großen Teil der Prachtentfaltung ihrer Stadt und jenen Reiz der Gedankenverbindung, der mit dazu half, sie aus jener Zufluchtsstätte zu einem Heim zu gestalten.«[1]

Proust hat das schöpferische Wesen in sich als einen Knaben beschrieben, der auf den Trümmern spielt und sein größtes Vergnügen im Aufspüren von Gedankenverbindungen findet.[2] So hat er auch seine Übersetzung der *Bibel von Amiens* mit Gedankenverbindungen unterlegt, indem er in zahlreichen *notes du traducteur* Parallelstellen aus anderen Schriften Ruskins zitiert, die er zuweilen ausführlich kommentiert. In einer langen Anmerkung im Kapitel »Interpretations« erklärt er dem Leser seine vergleichende Sinnsuche. Das einzige Wörterbuch, dem man mit Gewißheit den Sinn der Formulierungen entnehmen könne, die ein großer Schriftsteller verwende, seien dessen Werke. Sie zu ergründen, gelte es, wie die Fischer vorzugehen: »Man spannt sorgfältig von einer Stelle seines Schaffens (…) zu einer anderen (von einer Epoche zu einer anderen) ein Netz aus. Wenn das Netz ausreichend enge und feine Maschen hat, wäre es ziemlich verwunderlich, wenn Sie nicht im Durchgang eines jener schönen Geschöpfe festhielten, die wir Ideen nennen, welche sich gern in den Gewässern der Gedanken aufhalten, in denen sie durch spontane Zeugung zu entstehen scheinen und wo jene, die es lieben, am Ufer großer Geister zu wandeln,

[1] Ebd., Bd. II, S. 93.
[2] »Notes sur la littérature et la critique«, CSB, 303 f. K, GSB, 220 f.

ganz gewiß sein können, sie eines Tages wahrzunehmen, wenn sie nur ein wenig Geduld und ein wenig Liebe mitbringen.«[1]

In dem Netz, das seine Erläuterungen umschließt, hat Proust eine Idee festgehalten, die Ruskins »Interpretations« mit dem Kapitel »The Story of Arachne« in *Verona and other Lectures* verbindet. In der ersten Passage kommentiert Ruskin das Basrelief des personifizierten Glaubens am Westportal von Notre-Dame d'Amiens mit folgenden Worten: »*Glauben,* einen Kelch mit einem Kreuz haltend, was im alten Europa allgemein als Symbol des Glaubens galt. Es ist auch darum ein tolerantes Symbol, weil ungeachtet aller kirchlichen Differenzen die Worte: ›Wenn ihr das Fleisch des Menschensohnes nicht eßt und sein Blut nicht trinkt, habt ihr kein Leben in euch‹, ihr Mysterium bewahren, um einzig von jenen verstanden zu werden, die zu allen Zeiten, in allen Ländern den heiligen Charakter der Nahrung erkannt haben und wie die Gesetze des Lebens und des Geistes von ihrer Annahme, ihrer Verweigerung und ihrer Verteilung abhängen.«[2]

Beim Stichwort »Nahrung« verweist Proust auf seine Fußnote, in der er gesteht, daß ihm über Jahre in dieser Passage nicht die Worte Christi, sondern die Ruskins ein Mysterium geblieben sind. »Zwar dachte ich immer schon, daß es sich hier um den heiligen Charakter der *Nahrung* im allgemeinsten und stofflichsten Sinn handelt; daß Ruskin, wenn er von den Gesetzen des Lebens und des Geistes spricht, die an ihre Annahme und Verweigerung gebunden sind, zu verstehen geben wollte, welche unentbehrliche und unablässige Stütze die Nahrung dem Denken und dem Leben darbietet, daß jede partielle Verweigerung der Nahrung eine Modifizierung des Geisteszustands mit

[1] BA, 300. [2] Ebd., 299.

sich bringt, wie zum Beispiel in der Askese. Was die Verteilung der Nahrung angeht, schien mir, daß sie für ihn insofern auch an die Gesetze des Lebens und des Geistes gebunden ist, als von ihr, wenn man sich an die subjektive Stelle des Gebenden versetzt (das heißt vom moralischen Standpunkt aus), die Nächstenliebe abhängt, und wenn man sich an die Stelle der Empfangenden versetzt und selbst an die der Gebenden (objektiv betrachtet, vom politischen Standpunkt aus), das Wohl des Gemeinwesens. – Aber ich war mir nicht sicher, da ich weder die gleichen Ideen noch die gleichen Formulierungen in irgendeinem der mir geistig gegenwärtigen Bücher von Ruskin fand.«[1]

Es war nur eine Frage der Zeit und ihres Weberschiffchens. Eines Tages las er »The Story of Arachne« und fand in ihrem Netz das gleiche Geschöpf eingesponnen, das ihm in der Glaubens-Passage so geheimnisvoll erschienen war. Das Kapitel über die kunstreiche Weberin läuft nach einer Empfehlung an die Frauen, am Feierabend schöne Gewänder zu tragen, auf eine Lobpreisung der Kochkunst hinaus, die Ruskin als Hauptlehre und Grundlage des Glücks der Staaten ansieht. Für das Wohlergehen jeglicher Nation sei in erster Linie eine sorgfältige Reinigung und liebevolle *Verteilung der Nahrung* notwendig, so daß jedermann nicht nur am Sonntag, sondern tagtäglich nach der Arbeit, die, richtig verstanden, eine Art ewiger Gottesdienst sei, wie im Buch Nehemia verheißen, Fettes essen und Süßes trinken könne und auch jenen, die selbst nichts bereitet hätten, etwas davon abzugeben in der Lage wäre.[2]

In der *Recherche* lebt die alte Idee des heiligen Charakters der Speisung in der begnadeten Köchin Françoise fort.

[1] Ebd. [2] Ebd., 300.

Auf diesem beruht das erste Gebot ihrer Gesetzestafel: Du sollst die Zeremonie des Essens nicht unterbrechen. Die Übergabe eines Briefes von Marcel an seine Mutter während des Diners mit Swann in Combray betrachtet sie als ein Sakrileg, wie es in ihren Augen auch frevelhaft wäre, wenn ihre Herrschaft in der Zeit nach ihr klingeln würde, in der sie ihr eigenes Mittagsmahl, das sie »wie eine Art feierliches Ostern« zelebriert, im Kreise der Domestiken einnimmt. Im zweiten Band der *Recherche* tritt sie mit dem Meisterstück ihrer Kunst, dem *bœuf mode en gelée,* als Michelangelo der Küche auf. Ihre Zubereitung des kalten Rinderschmorbratens mit Karotten auf dem Würfelbett seines aus vielen ausgesuchten Fleischstücken gewonnenen Gelees vergleicht Proust mit seinem Verfahren, die Eindrücke, die er aus vielen Gestalten gewann, zu einer einzigen zu verdichten. Durch Reduzieren und Klären entsteht das Gelee. Beim stundenlangen Simmern in Rotwein und Cognac geben Fleisch, Knochen, Gemüse und Kräuter ihre wesentlichen Eigenschaften ab. Der so gewonnene Jus wird geklärt, indem man Eiweiß in die kochende Brühe rührt. Mit diesem verbinden sich alle trübenden Partikel, die beim Passieren durch ein Tuch hängenbleiben. Vier Dienerinnen hat Proust zu der einen Françoise reduziert und geklärt. Als es Celine Cottin gelang, ihm ein *bœuf mode en gelée* nach dem Rezept ihrer Vorgängerin Félicie – Modell des Küchen-Michelangelo – zu zaubern, schrieb er ihr zum Dank: »Ich wünschte, mein Stil wäre so glänzend, so klar, so fest wie Ihr Gelee – meine Ideen so schmackhaft wie Ihre Karotten und so nahrhaft und frisch wie Ihr Fleisch.«[1]

Würde das Wohlergehen eines Landes einzig auf dem von Familien gründen, die von einer Köchin wie Fran-

[1] *Corr.,* Bd. IX, S. 139.

çoise versorgt werden, fände die These Ruskins im Kapitel »Combray« ihre schönste Illustration. Wie in einem flämischen Küchen-Stilleben stellt Proust uns die Viktualien dar, aus denen die Köchin seiner Tante Leonie die Gerichte zubereitet, die sie der Familie serviert, wenn diese am Sonntag aus der Messe kommt, und zeigt dabei, wie bedacht sie ihre Waren wählt: »Denn zu den ständigen Grundlagen der Eier, Kotelettes, Kartoffeln, Konfitüren und Biskuits, die sie uns gar nicht mehr ankündigte, fügte sie je nach dem Stande der Felder und Obstgärten, dem Ertrag an frischem Seefisch und den Zufällen des Handels, den Artigkeiten der Nachbarn und ihrem eigenen Genius etwas hinzu – und zwar so glücklich, daß unsere Speisekarte, wie jene Vierblattreliefs, die man im 13. Jahrhundert am Portal der Kathedralen ausmeißelte, ein bißchen den Rhythmus der Jahreszeiten und die Episoden des Lebens spiegelte: einen Glattbutt, weil die Händlerin seine Frische garantiert hatte, eine Pute, weil sie eine schöne auf dem Markt von Roussainville-le-Pin gesehen hatte, Karden mit Mark, weil sie sie uns noch nie auf diese Weise zubereitet hatte, eine gebratene Lammkeule, weil die frische Landluft hungrig macht und sie bis um sieben Uhr genügend Zeit hatte, vom Magen herabzusinken, Spinat zur Abwechslung, Aprikosen, weil sie noch selten waren, Johannisbeeren, weil es in vierzehn Tagen keine mehr geben würde, Himbeeren, die Monsieur Swann eigens für uns mitgebracht hatte, Kirschen, weil es die ersten wären vom Kirschbaum im Garten, der zwei Jahre nichts getragen hatte, Quark mit Rahm, den ich früher doch immer so gern gegessen hatte, einen Mandelkuchen, weil sie ihn am Abend zuvor bestellt hatte, eine Brioche, weil es an uns war, sie zu reichen. War man mit alledem fertig, wurde noch als persönliche Aufmerksamkeit von

Françoise – eigens für uns komponiert, aber insbesondere meinem Vater zugedacht, der ein Liebhaber davon war – eine ihrer Eingebung entsprungene crème au chocolat gereicht, flüchtig und leicht wie eine Gelegenheitsdichtung, für die sie ihre ganze Begabung eingesetzt hatte. Wer es mit den Worten: ›Ich bin fertig, ich habe keinen Hunger mehr‹ abgelehnt hätte, davon zu kosten, wäre auf der Stelle zu einem jener Flegel degradiert worden, die selbst bei dem Geschenk eines Werkes, das ein Künstler ihnen macht, auf das Gewicht und das Material schauen, während es dabei doch nur auf die Intention und die Signatur ankommt. Hätte man davon auch nur einen einzigen Tropfen auf dem Teller gelassen, würde das von der gleichen Unhöflichkeit gezeugt haben, wie wenn man sich vor dem Ende eines Stückes unter den Augen des Komponisten erhebt.«[1]

Ein Jegliches hat seine Zeit, vom Glattbutt bis zur Brioche, Zeit der Frische, Zeit der Reife, Zeit der Abwechslung, Zeit der Wiederholung, Zeit der Verdauung, Zeit der Darreichung. Nach dem Kairos der Brioche verdichtet sich die Gunst der Stunde zu einer flüchtigen crème au chocolat. Was wunder, daß kein Tropfen dieser kostbaren Substanz vergeudet werden darf. Zwar »ist alles Windhauch und Luftgespinst«, wie der Prediger im Buch Kohelet sagt, mit dessen Sinnsprüchen Proust manche Äußerungen von Françoise vergleicht, aber »ein jeglicher Mensch, der da ißet und trinket, und hat guten Mut in aller seiner Arbeit, das ist eine Gabe Gottes«.[2] Im günstigen Augenblick scheint die Fülle der Zeiten auf.

[1] DCCS, 70. K, US, 106.

[2] Pred 3,13; »Windhauch und Luftgespinst« Koh 2,17; »Gott hat alles zu seiner Zeit auf vollkommene Weise getan. Überdies hat er die Ewigkeit in alles hineingelegt« Koh 3,11.

*Sternzeichen und Monatsbilder.*
oben: Juni und Juli.
unten: Dezember, Januar, Februar, März.
Aus: *Works,* Bd. 33.

Obgleich alles Windhauch ist, hat Gott – nach Kohelet – doch in alles die Ewigkeit hineingelegt. Als Spiegelungen des Ewigen im Zeitlichen stellen sich jene Basreliefs im Vierblattrahmen dar, deren kleine Monatsbilder dem Zyklus der bäuerlichen Arbeiten im Jahreslauf gewidmet sind. Wie diese »Georgica des alten Frankreich«[1] von der Macht der Überlieferung zeugen, so auch die Gestalt der Françoise in der *Recherche.* Ihre moralischen Gesetze und kohelethaften Sprüche verdankt die Köchin Saint-André-des-Champs. Nach siebenhundert Jahren Verzauberung im Stein ist die »mittelalterliche Bäuerin« Françoise der aus vielen gotischen Vorhallen reduzierten Portalvorhalle dieser Kirche des alten Frankreich entsprungen.

Dem Kind Marcel erscheint sie bei der ersten Begegnung, als sie mit ihrer wie aus gesponnenem Zucker gefältelten Haube »reglos und aufrecht im Rahmen der kleinen Korridortür« seiner Tante steht, »wie die Statue einer Heiligen in ihrer Nische«.[2] Jedem Heiligen seine Tugend, jeder Tugend ihr Laster, lehrt der in Stein gemeißelte moralische Spiegel der Gotik. In der Vorhalle des Westportals von Amiens schmücken unter den Statuen der zwölf Apostel zwei Reihen Vierblätter die Sockelzone, die obere mit den Bildern der Tugenden, die untere mit denen der Laster. Wie in der Bibel von Amiens zu lesen, zeichnet jeden Apostel eine bestimmte Tugend aus, die er durch Überwindung des entgegengesetzten Lasters errang. Sankt Petrus die Tapferkeit durch Überwindung der Feigheit, Sankt Andreas die Geduld durch die des Zorns, Sankt Jakobus der Jüngere die Sanftmut durch die der Roheit, Sankt Johannes die Eintracht durch die der Zwietracht, Sankt Matthias der Gehorsam durch die der Rebellion,

[1] Vgl. Mâle 1899, S. 66.
[2] DCCS, 52. K, US, 79.

*Hauptportal der Kathedrale von Amiens.*
Photo: Werner Neumeister, München.

Sankt Simon die Beharrlichkeit durch die der Unbeständigkeit, Sankt Paulus der Glaube durch die der Idolatrie, Sankt Jakobus der Ältere die Hoffnung durch die der Verzweiflung, Sankt Philippus die Liebe durch die der Habsucht, Sankt Bartholomäus die Keuschheit durch die der Wollust, Sankt Thomas die Klugheit durch die des Wahnsinns, Sankt Judas Thaddäus die Demut durch die des Hochmuts.

Ruskin gibt der Eintracht mit dem Olivenzweig auf ihrem Wappenschild den Namen Liebe, weshalb für Caritas nur die Nächstenliebe übrigbleibt; die Unbeständigkeit in Gestalt eines Mönches, der sein Kloster flieht, nennt er Atheismus und zeigt auf, wie jedem widerstreitenden Paar in schöner Gegenseitigkeit ein übereinstimmendes beisteht. In ihrem Streben nach Symmetrie und Klarheit haben die Bildhauer von Amiens die Vierblätter in der Vorhalle so angeordnet, daß sich auf der linken und der rechten Seite die Tugenden gegenüberstehen, die zueinander führen: die Tapferkeit zum Glauben, die Geduld zur Hoffnung, die Sanftmut zur Nächstenliebe, die Liebe zur Keuschheit, der Gehorsam zur Klugheit, die Beharrlichkeit zur Demut. Auf die Gegenseitigkeit der Laster geht Ruskin nicht ein. Sie besteht darin, daß sie einander kaschieren: die Idolatrie die Feigheit, die Verzweiflung den Zorn, die Habsucht die Roheit, die Wollust die Zwietracht, der Wahnsinn die Rebellion, der Atheismus den Hochmut.

Zu Füßen von Saint André sitzt im Vierblattrahmen die Tugend der Geduld in Gestalt einer lächelnden Frau, die ein Wappenschild mit dem Bild eines Rindes neben sich hält; im unteren Vierblatt ist das Laster des Zorns durch eine nicht minder liebliche Frau dargestellt, die gerade sehr anmutig und beinahe verschämt einem Mönch

*Tugenden und Laster.*
oben: Tapferkeit, Geduld, Sanftmut,
Feigheit, Zorn, Roheit.
unten: Eintracht, Gehorsam, Beharrlichkeit,
Zwietracht, Rebellion, Unbeständigkeit.
Aus: *Works,* Bd. 33.

*Tugenden und Laster.*
oben: Liebe, Hoffnung, Glaube,
Habsucht, Verzweiflung, Idolatrie.
unten: Demut, Klugheit, Keuschheit,
Hochmut, Wahnsinn, Wollust.
Aus: *Works,* Bd. 33.

ihr Schwert in den Leib stoßen will, der sich so gelassen präsentiert, als sei das ganz in seinem Sinn. Ruskin hat das Rind auf dem Wappenschild als Tier gedeutet, das niemals zurückweicht, aber als Leser der *Recherche* dürfen wir in ihm den *bœuf* erkennen, aus dem das Gericht entsteht, dessen Zubereitung so viel Zeit und Geduld verlangt, und in der lächelnden Tugend die Köchin, in deren gotischer Seele, wie in Proust selbst, so manches Mal der Zorn triumphiert. Im Stein ist der Sieg der Tugend über das Laster verewigt, im Leben will er stets aufs neue errungen sein. Als stärkste unter den Tugenden der fabelhaften Köchin sieht der kleine Marcel zunächst die Sanftmut an. Beim Verzehr eines Hühnchens, das Françoise wie keine andere Köchin am Drehspieß zu braten versteht, verbindet sich ihm das Wesen dieser Tugend mit dem Bratenduft, dem Balsam dieses so zarten Fleisches, dessen goldene Hautkruste ihn an die Goldstickerei einer Kasel erinnert, während der köstliche Saft »wie aus einem Ziborium rinnt«.[1]

Allein, als er am nächsten Tag sieht, mit welcher Roheit Françoise ein sich verzweifelt wehrendes Hühnchen beim Schlachten verflucht und wie sie, nach dem Auffangen des Blutes aus dem aufgeschlitzten Hals, »mit einem Blick auf den Leichnam des endlich erledigten Feindes« in wieder aufflammendem Zorn abermals »Mistvieh, elendiges« kreischt, erscheint auch die »heilige Sanftmut und das Salbungsvolle« der Dienerin dem zitternd in sein Zimmer geflohenen Knaben in einem anderen Licht.

Françoise hat die Laster ihrer Tugenden, wie man in Frankreich so treffend sagt, ohne noch zu wissen, woher diese Verknüpfung stammt. So selbstlos sie ihre Tochter, ihren Enkel und ihren Neffen liebt, so hartherzig kann sie

[1] DCCS, 120. K, US, 179.

mit anderen sein, so ergeben sie ihrer Herrschaft dient, so gnadenlos tyrannisiert und peinigt sie ihre Küchenmägde, die alle bald das Weite suchen. Das ärmste Opfer, das sie mit mörderischer List aus ihrem Machtbereich vertreibt, ist ein namenloses kränkliches Geschöpf. »Die Caritas von Giotto« wird sie von Swann genannt. Dieser hatte die Reproduktionen von Giottos Tugenden und Lastern der Arenafresken in Padua Marcel mitgebracht, dem die Caritas ohne eine Spur von Nächstenliebe in den gewöhnlichen Zügen, die eher gequält als neidisch wirkende Invidia und die graue Justitia mit ihrer teilnahmslosen Miene lange Zeit unverständlich blieben.

Schwer hat das ledige Küchenmädchen »Caritas« an seiner Schwangerschaft zu tragen. In Entsprechung zu ihrer Freskoschwester, die in der Rechten eine Schale mit Früchten, Blumen und Weizenähren hält, schildert der Erzähler die »herrliche Form« unter den giottoartig weiten Kitteln der Schwangeren als geheimnisvollen Lebensfruchtkorb, der sich täglich mehr anfüllt. Wie die Miene der gemalten Caritas, die Gott ihr flammendes Herz mit der Linken darbietet, ihn wie die einer Köchin anmutet, die jemandem den erwünschten Korkenzieher hinaufreicht, so schaut auch die lebende Caritas drein, als sei sie in das schöne Geheimnis unter ihrem Herzen nicht eingeweiht.

Nach der Niederkunft hat das arme Küchenmädchen an furchtbaren Koliken zu leiden. Beauftragt, in einem medizinischen Lehrbuch nachzulesen, wie ihr zu helfen sei, bricht Françoise über der klinischen Beschreibung des »Anfalls« in hemmungsloses Schluchzen aus. Für die Kranke ist dann kein Mitleid mehr übrig. Mit Genugtuung sagt sie sich, daß dieses Leiden die Strafe für die Wollust sei, die der Magd ihre Schwangerschaft bescherte.

*Caritas,* Giotto, 1304–1306.
Aus: *Works,* Bd. 27.

*Invidia,* Giotto, 1304–1306.
Aus: *Works,* Bd. 27.

*Justitia,* Giotto, 1304–1306.
Aus: *Works,* Bd. 27.

Über die Beschaffenheit und das Schicksal des Sprößlings aus Caritas' Lebenskorb schweigt der Erzähler. Dafür schildert er uns, was ihn im geflochtenen Korb des Küchenmädchens über die Maßen entzückt. Die Zeit der Caritas ist die Zeit des Spargels. Diese »in Ultramarin und Rosa getauchten« Schößlinge der Erde mit ihren »fein in Mauve und Azur gezeichneten Ähren« haben es Marcel durch ihr »überirdisches Irisieren« besonders angetan: »Es schien mir, daß diese himmlischen Nuancen die köstlichen Geschöpfe verrieten, die sich einen Spaß daraus gemacht hatten, sich in Gemüse zu verwandeln, und die, durch die Verkleidung ihres eßbaren und festen Fleisches in diesen aufblühenden Farben der Morgenröte, diesen Andeutungen des Regenbogens, diesem Erlöschen blauer Abende die kostbare Essenz erkennen ließen, die ich noch die ganze Nacht hindurch, die einem Diner folgte, bei dem ich davon gegessen hatte, wiedererkannte, wenn sie mir in ihren poetischen und derben Possen wie in einem Feenstück von Shakespeare zum Scherz den Nachttopf in ein Duftgefäß verwandelten.«[1]

Caritas indessen, der Françoise angeschafft hat, Spargel zu »rupfen«, geht ihrer Aufgabe mit einer so schmerzensreichen Miene nach, »als spüre sie alles Leid der Erde; und die zarten Azurkronen, die die Spargel über ihren rosa Häutchen umgaben, waren Stern für Stern so fein gezeichnet wie im Fresko der Tugend von Padua die

[1] DCCS, 119. K, US, 177 f. In der deutschen Ausgabe ist der Regenbogen ausgefallen, aus den aufblühenden Farben der Morgenröte sind »Farben der zartesten Morgenröte« geworden, aus dem Erlöschen blauer Abende »hinschwindende Nuancen von Blau«. Hätte Proust nur das abendliche Blau im Sinn gehabt, hätte er es auch gesagt. Im *Sachs-Villatte* von 1899 ist unter *extinction* aufgeführt: (Aus)Löschen des Feuers, Lichtes etc. Erlöschen der Stimme; im übertragenen Sinn: Tilgung, gänzliches Vergeben einer Schuld, eines Vergehens.

Blumen, die ihre Stirn umwinden oder in ihren Korb gesteckt sind.«[1]

Der Caritas von Combray geht der Spargel sehr nahe. Sein Geruch ist für sie Gift, denn wie der Duft des Weißdorns und des Flieders bei Proust, löst er bei ihr furchtbare Asthmaanfälle aus.

[1] DCCS, 120. K, US, 178.

# III
# Spargelwunder

Was hatte Proust im Sinn, als er das irdische Gemüse ins Überirdische entrückte, vom *Eintauchen* in Ultramarin und Rosa zum *Aufblühen* der Morgenröte über die Andeutungen des *Regenbogens,* der nach der Sintflut Gottes Versöhnung mit der Menschheit symbolisiert, bis zur rätselhaften Wendung vom *Erlöschen* blauer Abende? Was macht die Essenz, welche die schelmenhaften Wesen dem Urin mitteilen, so kostbar, wenn sie doch ein so teuflisches Leiden auszulösen vermag?

Forscher haben darauf hingewiesen, daß Proust wahrscheinlich das große und das kleine Spargelbild von Manet bei dem Sammler und Kunstkritiker Charles Ephrussi gesehen hat. Vor allem das kleine Gemälde des einzelnen Spargels, dessen Spitze in den sieben Farben des Regenbogens glänzt, verleitete Proust-Interpreten zu der These, daß Manets Darstellung das Vorbild der Spargelschilderung des Dichters gewesen sei. Aber weder die Palette noch die Perspektive stimmen überein, und die Malweise könnte unterschiedlicher nicht sein. Proust hat niemals wie Manet mit breitem Pinsel alla prima gemalt, sondern seine »Farben« wie Vermeer in vielen transparenten und körperhaften Schichten aufgebaut. Die satten Töne der Spargelspitze Manets haben nichts mit den himmlischen

*Der Spargel,* Edouard Manet, 1880.

Nuancen gemein, dem Irisieren der Farben, die Proust in der fließenden Zeit aufgehen läßt, so daß in der durchsichtigen Haut der fleischigen Knospenblätter das Aufblühen und Vergehen des Sonnenlichts verewigt scheint. Der in seitlicher Ansicht gezeigte bunte Spargel des kleinen Stillebens liegt am Rande einer angedeuteten Marmorplinthe, während Marcel von oben auf die »Ähren« der im Korb stehenden Spargel schaut, deren zarte Azurkronen über ihren rosa Häutchen Stern für Stern so fein *gezeichnet* sind, wie es in Wahrheit nicht einmal Giotto in seinem Fresko möglich war.

Das Werk von Proust ist nicht malerisch. Auch hat er die Welt ganz anders wahrgenommen als Manet oder die

Impressionisten, mit denen man ihn so gern vergleicht. Er schildert nicht den flüchtigen Eindruck, den die Spargel zu dieser oder jener Tageszeit in Marcels Augen hervorrufen. Was seine Wahrnehmung etwa von der eines Monet unterscheidet, hat er in »Tage des Lesens« festgehalten. »Wir würden uns gern von Monsieur Claude Monet nach Giverny führen lassen«, schreibt er da, »ans Ufer der Seine, an die Biegung des Flusses, die er uns durch den Morgennebel hindurch kaum erkennen läßt.« Es sei jedoch reiner Zufall, daß der Maler eher diese als irgendeine andere Flußbiegung gemalt habe. Was sie uns auf dem Bild anders und schöner erscheinen lasse als die übrige Welt, sei, daß es einen Reflex des Eindrucks mit sich trage, den sie auf das Genie gemacht habe, »und den wir ebenso einzigartig und despotisch über der gleichgültigen und ergebenen Oberfläche aller Landschaften spielen sehen würden, die von ihm gemalt worden wären«. Dieser äußere Schein, mit dem solche Malerei uns bezaubere und enttäusche, »und über die wir hinausgehen möchten«, sei das eigentliche Wesen dieser Art Wahrnehmung, die gewissermaßen ohne Dichte sei – »eine auf einer Leinwand festgehaltene Fata Morgana – (…) Und der Nebel, den unsere begierigen Augen durchdringen möchten, ist das letzte Wort der Kunst des Malers«. Die höchste Anstrengung des Künstlers laufe darauf hinaus, den Schleier der Häßlichkeit und Bedeutungslosigkeit, der uns vor dem Universum ohne Wißbegierde lasse, nur partiell zu lüften.«[1]

Proust war ein Meister der Kontemplation, die mit dem Wohlgefallen an der eigenen Wahrnehmung unvereinbar ist. Seine Versenkung in die Figuren einer gotischen Vorhalle, in das Gesicht einer Landschaft oder die Seele einer Pflanze ist das genaue Gegenteil der impressionistischen

[1] »Journées de lecture«, CSB, 177. K, NV, 244 f.

Sicht, die die objektive Gestalt der Dinge und ihr eigentümliches Dasein verschleiert. Wie Ruskin maß er »dem Aussehen der Dinge eine so große Bedeutung bei, weil sich ihr tieferes Wesen nur in ihm offenbart«,[1] und wie bei Ruskin war es »seine Moralität, sein Instinkt, der ihn die wirklichen Dinge (so partikular diese Realien uns auch erscheinen mögen) unter dem Gesichtspunkt der Ewigkeit betrachten ließ und ihn, durch das Bedürfnis, sie wahrzunehmen, und die Notwendigkeit, sie wiederzugeben, um ihnen eine dauerhafte und klare Anschauung zu sichern, dazu trieb, alle Vergnügen, alle Pflichten zu opfern, bis hin zu seinem Leben (...)«[2]

Wirklichkeit kommt nur dem Bleibenden zu. Es stand nicht im Belieben von Proust, welche Realien er verewigen sollte. Seine Aufgabe war, die Hieroglyphen, die das Leben in ihn eingezeichnet hatte, zu entziffern. Für ihn galt wie für Alanus ab Insulis im 12. Jahrhundert

*Omnis mundi creatura*
*Quasi liber et pictura*
*Nobis est et speculum.*

Kein Geschöpf, sei es Mensch, Tier oder Pflanze, ist im Buch der Erfahrung von Proust ein zufälliger Gast. Zur Zeit seiner Adoleszenz, erinnert sich der Erzähler, »erschien mir alles, was nicht ich war, die Erde und die Geschöpfe, kostbarer, wichtiger, mit einem wirklicheren Dasein begabt, als sie dem Erwachsenen erscheinen. Erde und Geschöpfe aber trennte ich nicht.«[3] Was das im Hinblick auf den Spargel bedeutet, können wir nur verstehen, wenn wir uns mit den Eigentümlichkeiten von *Asparagus*

[1] »John Ruskin«, CSB, 112. K, NV, 153.
[2] »Journées de pèlerinage«, CSB, 76. K, NV, 104.
[3] DCCS, 155. K, US, 230.

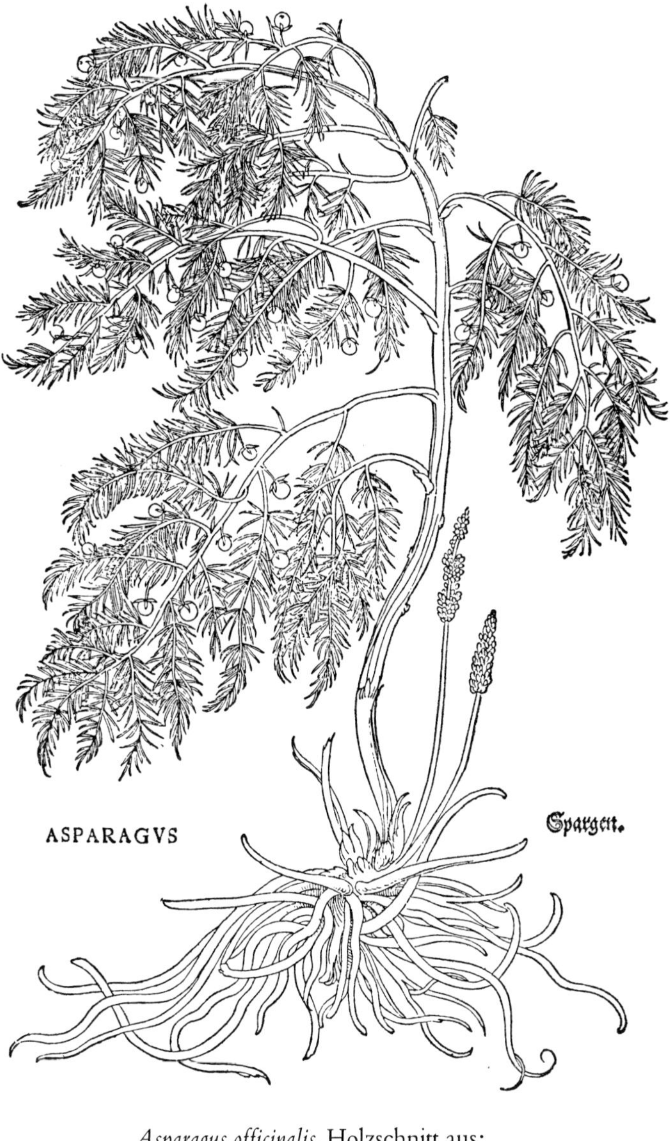


*Asparagus officinalis,* Holzschnitt aus:
Leonhart Fuchs, *De historia stirpium,* Basel 1542.

*officinalis L.* vertraut machen, der Staude aus der großen Lilienfamilie, deren Triebe in der Kultur so prall und köstlich werden. Die Grundlagen seiner botanischen Bildung erwarb Proust auf dem Gymnasium. An allen höheren Schulen gestaltete sich der naturwissenschaftliche Unterricht nach den Vorgaben von Gaston Bonnier, einem bedeutenden Botaniker der Zeit, dessen Schüler Georges Colomb am Lycée Condorcet Marcels Lehrer war. Das berühmteste Werk von Bonnier ist eine illustrierte *Flore de France,* die Proust für die Schilderung seiner »Erdewesen« zu Rate zog. Aus ihr und anderen botanischen Büchern, die in der ihm zur Verfügung stehenden Bibliothek seiner Eltern zweifellos vorhanden waren, sog er die Essenz, die in seine Spargeldarstellung eingeflossen ist.

Das Geschlecht der blütenbildenden Pflanzen offenbart sich in der Blume. Die aus dem unterirdischen Wurzelstock treibenden Sprosse des Spargels stellen im jährlichen Lebenslauf des Asparagus die Kindheit dar. Der Rhizom genannte Wurzelstock ist der überwinternde Teil der Pflanze, der zwar wurzelähnlich ist, morphologisch aber ein echtes Stengelorgan darstellt, das Bonnier *tige souterraine,* »unterirdischer Stengel«, nennt.[1] Ein Stengel aber ist nichts anderes als ein Sproß. Das Spargelrhizom ist ein horizontal wachsender Sproß, aus dem vertikale Sprossen hervorgehen. Das Geschlecht der Staude ist in der Knospe der Sprossen unter den spitzen Schuppenblättern verborgen, die bei der gezüchteten Sorte namens *Violette* so herrlich irisieren. In der Spargelkultur werden die Sprosse ab der vierten Juniwoche nicht mehr gestochen, damit sie auswachsen und das Rhizom die Nährstoffe, die sich der Photosynthese verdanken, speichern kann. Entfernte man

[1] Bonnier 1887, S. 8.

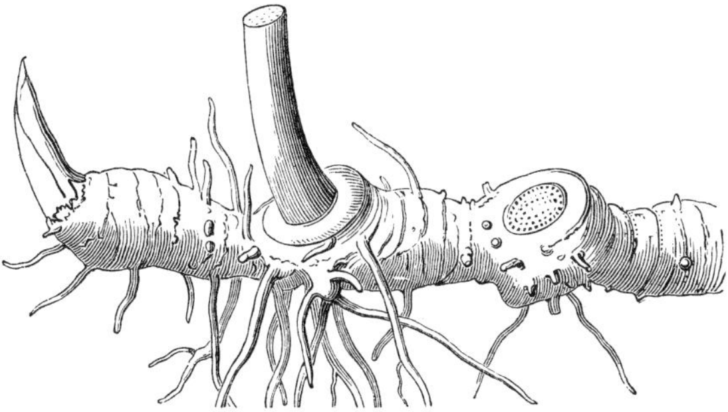

*Rhizom von Polygonatum odoratum, »Salomonssiegel«,*
rechts die Stelle des abgefallenen Stengels vom Vorjahr,
in der Mitte der diesjährige Stengel, links der Stengel-
sproß des nächsten Jahres.
Aus: Bonnier 1887, S. 8.

weiterhin die Triebe, würde das Rhizom absterben. Beim »Erwachsenwerden« verwandelt sich der saftige Sproß in einen harten, kantigen, grünen Stiel mit wechselständigen Zweigen, die Büschel kleiner, grüner Nadeln und an längeren Stielchen unscheinbare grünlichgelbe Blütenglöckchen tragen. Ihr Inneres enthält eine geschlechtliche Augentäuschung.

Auf mannigfaltige Weise sind im Pflanzenreich Pollenblätter und Fruchtblätter in den Blüten vereint und getrennt. Wenn wir wie Linné das aus Staubbeutel und Faden bestehende Pollenblatt als Mann und den Stempel aus Fruchtknoten, Griffel und Narbe, den die Fruchtblätter bilden, als Frau ansehen, wird das Geheimnis offenbar, das Marcellus mit Asparagus verbindet.

Zwanzig der vierundzwanzig Klassen des Linnéschen Systems stellen einhäusig genannte Pflanzen dar, in deren Blüten Männlein und Weiblein zusammen wohnen und sich ohne den Besuch nektarnaschender und pollensammelnder Wesen begatten können, obwohl ihnen diese zur Hochzeit durchaus auch sehr willkommen sind. In drei Klassen hat Linné die zweihäusigen Arten eingereiht, bei denen jeder einzelne Pflanzenstock entweder nur männliche oder nur weibliche Blüten entfaltet. Solche sind zur Bestäubung auf den Wind oder auf Besuch aus dem Tierreich angewiesen. Von dieser Art ist der Spargel, dessen Nektarglöckchen von Bienenarten bestäubt werden. Asparagus ist zweihäusig, also eingeschlechtig, obwohl im Embryo, wie die befruchtete Eizelle auch im Pflanzenreich heißt, die Anlage zur zweigeschlechtigen Blüte gegeben ist. In der weiteren Entwicklung bildet sich jedoch nur ein Geschlecht vollkommen aus, während das entgegengesetzte angedeutet bleibt, so daß in jeder männlichen Blüte das weibliche Geschlecht und in jeder weiblichen das männliche unvollständig ausgebildet gegenwärtig ist. Da aber die scheinhaften Organe mal mehr, mal weniger entwickelt auftreten, sind manchmal auch Blüten zu sehen, die vollkommene Zweigeschlechtigkeit vortäuschen, weshalb Botaniker eine Zeitlang glaubten, der Spargel sei polygam oder dreihäusig, wie man Pflanzen mit männlichen, weiblichen und zweigeschlechtigen Blüten nannte. Aber im letzten Viertel des 19. Jahrhunderts fand man heraus, daß eines der beiden Geschlechter solcher Blüten stets unfruchtbar ist und der Spargel zu den Arten gehört, welche an einem Pflanzenstock Fruchtblüten mit scheinhaften Pollenblättern und am anderen Pollenblüten mit scheinhaftem Stempel entwickeln.[1]

[1] Vgl. Dietrich Franz Leonhard von Schlechtendal, *Flora von Deutschland,* Gera-Untermhaus 1880, Bd. 4, S. 8 f., und Anton Kerner von Marilaun, *Pflanzenleben,* Leipzig u. Wien 1891, Bd. 2, S. 297 f. Kerners *Pflanzenleben* war so populär wie Brehms *Tierleben* und in viele Sprachen übersetzt. Eine französische Ausgabe fehlt. Proust, der die Ruskin-Studien von

*Asparagus officinalis L.*

*A* ein Zweig der Pflanze; *B* ein Rhizom; *C* eßbarer junger Trieb; *1* Blume; *2* Blume mit freigelegten Staubgefäßen; *3* Pistill; *4* quergeschnittene Frucht; *5* längsgeschnittene Frucht; *6* und *7* Samen; *8* Same im Querschnitt; *9* Same im Längsschnitt; *1-5* und *7-9* bei Lupenvergrößerung. Aus: Schlechtendal, *Flora von Deutschland,* Gera 1880, Bd. 4, S. 8 ff.

Wenn wir in den seltenen Trompe-l’œil-Blüten des Asparagus die scheinhaften Pollenblätter als Männer ansehen und die scheinhaften Stempel als Frauen, finden wir in dem einen Blütenhaus eine echte Frau im Kreis scheinhafter Männer, während im anderen echte Männer eine scheinhafte Frau umringen. In der *Suche nach der verlorenen Zeit* steht das erste Haus in Sodom, das zweite in Gomorrha, den Städten im »gelobten oder verfluchten Land«.[1]

Wie es ein Menschenkind aus der einhäusigen Welt seiner Familie, in der Mann und Frau in einem Bett schlafen, in die zweihäusige der getrennten Geschlechter von Sodom und Gomorrha zieht, erzählt Proust in »Combray«. Bevor wir dorthin zurückkehren, müssen wir uns zum Verständnis der Sproßnatur noch das Spargelbeet ansehen, das ihm vertraut war, weil es ein solches in dem von seinem Onkel am Ausgang von Illiers angelegten Gartenreich gab. Im Fragment gebliebenen Roman *Jean Santeuil* heißt des Onkels Garten *Les Oublis* und gehört Jeans Großvater. Dort tauchen die Spargel als Wunderwesen auf, die an höchster Stelle des Parks prächtig gedeihen, auf einem flachen Platz, »der gewöhnlich fast kahl war, wie der Ort aller Wunder, solange diese nicht vollzogen sind, und der im Monat Juni, bei Jeans Ankunft zum Himmelfahrtstag, plötzlich von zehntausend Spargeln wimmelte, die dort frei ihre grünen Lockenköpfe über ihre bläulichen und rosa Körper erhoben, in der Erde wurzelnd, die mit ihrem Lehm ihren rosa Stamm beschmutzte, als würden sie nicht vielleicht schon am selben

Marie von Bunsen und Charlotte Broicher zu lesen vermochte, dürfte Kerners botanisches Werk, falls es zur Bibliothek seines Vaters gehörte, ohne weiteres verstanden haben.

[1] DCCS, 150. K, US, 222.

Abend auf seinen Teller gelegt, für immer entwurzelt, heiß, weich und doch immer noch so, wie er sie gesehen hatte (...), hochgewachsen und schlank, einzelne dicker, hart und rosig, dann bläulich mit einem weichen grünen Lockenkopf«.[1]

Ein hochgewachsenes, schlankes Menschenwesen, das uns als Bohnenstange erscheint, ist in den Augen der Franzosen *une asperge,* »ein Spargel« oder vielmehr eine Spargelin, denn beim Übergang ins Französische wechselte Asparagus das Geschlecht. Die gezüchteten Spargel sind jedoch fast ausschließlich virile Sprosse, denn beim Spargelanbau werden hauptsächlich männliche Wurzelstöcke verwendet, weil diese ihre Kräfte nicht in der Fruchtbildung erschöpfen, weshalb man im September auf Spargelfeldern nur vereinzelt im allmählich vergilbenden Grün der Asparaguswedel die kleinen zinnoberroten Früchtekugeln sieht. Sie zeigen an, daß unter die zum Bleichen der Sprosse grabhügelartig angehäufelte Erde zwischen die vielen männlichen Rhizome ein weibliches gesetzt wurde, weil die gänzliche Abwesenheit des anderen Geschlechts das Gedeihen beeinträchtigt. Sonnig und warm muß der Standort des »Ephebenfeldes« sein, reichhaltig und durchlässig die Erde, denn stauende Nässe verträgt das empfindliche fleischige Gewebe des Rhizoms und der Wurzelkrallen nicht. *Griffe* heißt das Rhizom auf französisch, »Kralle« oder »Klaue«. *On voit la griffe* bedeutet »man sieht (an ihm) die Satansklaue«, aber *ma griffe* heißt auch »meine Signatur«, denn im 19. Jahrhundert hat *griffe* die übertragene Bedeutung von *marque de la personnalité de quelqu'un dans ses œuvres* angenommen.[2]

[1] JS, 330. K, JS, 230.
[2] *Petit Robert,* Paris 1973, S. 807.

Wenn die zehn Tage vor Pfingsten gefeierte Himmelfahrt wie im *Jean Santeuil* in den Juni fällt, neigt sich die Spargelzeit ihrem Ende zu, denn seit jeher gilt, daß ab Saint Jean kein Sproß mehr geschnitten wird. Vom Johannistag an dürfen die Triebe endlich grünen. Die Kirche feiert in der Regel den Sterbetag eines Heiligen als dessen Himmelsgeburtstag. Am Marientag und am Johannistag wird jedoch der irdische Geburtstag begangen, weil der Mutter und dem Täufer des Erlösers schon vor der Geburt die Gnade zuteil wurde, vom Heiligen Geist erfüllt zu sein. Da der 24. Juni nach alter Auffassung als Tag der Sonnenwende galt, haben ihn die Kirchenväter zum Geburtstag von Johannes dem Täufer ernannt. Wer wie Proust die *Legenda aurea* des Jacobus de Voragine liest, erfährt warum: »Auch trägt man an dem Tag brennende Fackeln, weil Johannes eine brennende und leuchtende Fackel ist gewesen. Man dreht auch das Rad, weil die Sonne hinabsteigt auf ihrer Bahn; das bedeutet, daß der Ruhm des Johannes, den man für Christus hielt, niedergeht; davon er selbst Zeugnis gab, da er sprach: ›Er muß wachsen, ich aber muß abnehmen‹ (Joh. 3,30). Das ist auch bezeichnet, nach dem, was Augustinus schreibt, in ihrer Geburt und ihrem Tod. In ihrer Geburt, denn um die Zeit von Johannis Geburt beginnen die Tage abzunehmen, um die Zeit von Christi Geburt aber wachsen sie (...) Also war es auch in ihrem Tod; denn Christi Leib ward erhöht am Kreuz, Johannis Leib aber verkürzt um das Haupt.«[1]

Ganz von selbst hat sich der Johannistag mit dem Grünen des Spargels verknüpft. Ungeachtet der Präsentation seines Kopfes in einer Schale, begann nach der Enthauptung des Täufers sein himmlisches Leben. Was ihm am

[1] *Legenda aurea,* S. 420.

Ende widerfuhr, geschieht der Pflanze am Anfang, wie auch das irdische, grüne, greifbare Leben des Asparagus die umgekehrte Entsprechung des himmlischen, blauen, unfaßbaren des Täufers darstellt. Wie Proust Legendenfäden in der von Jacobus geschilderten Weise weiterspann und in seinem Werk verwob, wird sich zeigen. Halten wir vorläufig fest, daß Jean kein zufälliger Name des Bewunderers grüner Lockenköpfe ist.

# IV
# Das böse und das gute Garn

Zum Wunderort des Illiersspargels gehört ein kleiner Brunnentrog, an dessen bemooster Steinwand ein Salamander schläft. Eine festverriegelte Gittertür schützt das kostbare Gemüse vor unerwünschten Liebhabern. Schneeballbüsche und Fliederbäumchen begrüßen Jean am Parktor. Die schimmernden Sternchen der Fliederrispen, die er durch bloßes Berühren zum Herabrieseln bringt, verströmen einen Duft wie feines Gebäck. Die »sanfte Malvenfarbe« der Blüten aus »feinem Musselin« vergleicht er mit der des Regenbogens, der jedoch immer entrückt bleibe, während er sich, in feine, weiche Blüten verwandelt, berühren, einatmen und mit sich tragen lasse.[1]

Wie der Regenbogen den männlichen Himmel mit der weiblichen Erde verbindet, so sind im lichten Lila des Flieders Rosa und Azur vereint, die geschlechtsbezogenen Farben, die bis heute Mädchen und Knabe kennzeichnen. Vielleicht war Proust auch der im ländlichen Frankreich des 19. Jahrhunderts noch weit verbreitete Aberglaube bekannt, daß alles Männliche, das unter einem Regenbogen hindurchgeht, sich in Weibliches verwandelt und alles Weibliche in Männliches.

[1] JS, 322, 325. K, JS, 218 f., 223.

*Lilas* heißt der aus dem Orient zu uns gelangte Flieder auf französisch, nach dem arabisch-persischen *lilac.* Im 18. Jahrhundert kam *lilas* als Farbbezeichnung auf und färbte aufs Deutsche ab. Das Adjektiv *mauve* für ein ins Violette ziehende Purpurrosa hat Emile Zola 1875 eingeführt. Es hat eine melancholische Klangfärbung, während *lilas* wie das Wort eines lautmalenden Kindes klingt. In der Malvenblüte überwiegt, mehr noch als im Flieder, der Purpurton, die weibliche Komponente. Im Zwittergeschlecht der Malvenfamilie treten hingegen die Pollenblätter besonders hervor: die Fäden der zahllosen Pollenbeutel sind zu einer Säule verwachsen, die den Stempel umschließt. Je nach Art überragen einzelne oder ein einziges Griffelende den üppigen Kranz aus oben freien Fäden und Pollenbeuteln, der die Säule krönt. Vom Zwittergeschlecht des Flieders sind im vierzackigen Blütenstern nur zwei gelbe Pollenbeutel sichtbar. Die beiden Pollenblätter wohnen tief in der Blumenröhre und mit dieser verwachsen einem keulenförmigen zweilappigen Stempel bei.

Im Absatz nach der Beschreibung des Fliederregenbogens erfahren wir, daß Jean gerade in sich die »wunderbare Essenz einer Lust entdeckte, die ebenso hinreißend war wie der Flieder und die dunkle Iris und ebenso wenig wie diese die Farben gewöhnlicher Erdenlüste aufwies, eine Lust, die die heiße Sonne noch zu steigern schien und die dem Leben scheinbar ein Etwas ewiger Süße verlieh, das ihm bisher nicht innegewohnt hatte, jenen Schneeballdolden gleich, die Jean im Lustwäldchen des Parks aneinandergeschmiegt fand und die, wenn man sie pflückte, in der Hand nicht dahinschmolzen und in den Vasen des Salons weiß und groß blieben.«[1]

[1] JS, 326. K, JS, 224.

*Syringa vulgaris L.*
*A* blühender; *B* fruchtender Zweig; *1* Kelch; *2* aufgeschlitzte Blüte; *3* Carpell (Stempel); *4* Frucht; *5* Same; *6* Kapsel im Querschnitt.
Aus: Schlechtendal, *Flora von Deutschland,* Bd. 16, S. 58ff.

*Irisblüten,* Aquarell von Madeleine Lemaire.

Aus: Marcel Proust, *Les plaisirs et les jours.* Illustrations de Madeleine Lemaire, préface d'Anatole France, avec quatre pièces de piano, Paris 1896. (Ex. Nr. 7 von 20 des auf Japanpapier gedruckten ersten Buches von Proust, dem ein Original-Aquarell von Madeleine Lemaire beigebunden war.) Bibliotheca Proustiana Reiner Speck.

Wo und auf welche Weise es zur Entdeckung der wunderbaren Essenz dieser Lust kam, verrät Proust nicht, aber das Örtchen der in »Combray« geschilderten Selbsterkundung ist in *Jean Santeuil* vorgezeichnet: ein Klo, dessen immer geöffnetes Fenster den Blick auf eine riesige rosablühende Kastanie freigibt, deren Duft sich mit dem schwächeren der Irisperlenschnüre mischt, die an der Wand hängen. Iris, die Göttin des Regenbogens und Botin der Himmelskönigin, ist in Gestalt der nach Veilchen duftenden Irisrhizomperlen in allen Fassungen des Örtchens einsamer Lust präsent.

In einem frühen Entwurf zur Ouvertüre der *Recherche* ist an die Stelle der Scharlachkastanie ein junger Fliederbusch getreten, der seinen duftenden Blütenkopf zum halbgeöffneten Fenster hereinneigt. Als Zwölfjähriger, heißt es da, schloß sich Marcel zum ersten Mal im Örtchen unter dem Dach des Hauses ein, auf der Suche nach einer unbekannten, ursprünglichen Lust, die noch nicht, wie in späterer Zeit, trauriger Ersatz einer zu zweit erfahrenen sein konnte. Von ewiger Süße kann indessen keine Rede mehr sein. Seine Forschungsreise in sich selbst ist von einem aufgeregten Entsetzen begleitet, wie es bei einer »chirurgischen Operation« an seinem Rückenmark und seinem Gehirn nicht größer sein könnte. Er glaubt jeden Augenblick zu sterben. Aber dann reißt seinen von der Lust überspannten Geist eine unerhörte Allmachtsphantasie mit sich fort. Das Universum, das er durch das Fenster mit geweiteten Pupillen wahrnimmt, dessen Unermeßlichkeit und Ewigkeit ihm sonst die eigene Nichtigkeit und Vergänglichkeit vor Augen hält, unterliegt nun der Macht seines Denkens, die in der Ferne über dem Wald anschwellenden Wolken, die schön gewölbten Hügel, die sich zu beiden Seiten des Flusses wie Brüste erheben, alles beruht auf ihm, er ist sogar noch mehr als all das: er kann nicht sterben. Nachdem er einen Augenblick Atem geschöpft hat, will er sich aufs Klo setzen, »ungestört von der Sonne, die es wärmte«, und weil diese im Französischen dem männlichen Geschlecht angehört, sagt er zu »ihm«: »Hebe dich fort, mein Kleiner, damit ich deinen Platz einnehmen kann.« Der Fliederzweig hindert ihn daran, den Vorhang vor das Fenster zu ziehen. Nachdem sein »Opalstrahl« wie der von Hubert Robert gemalte Springbrunnen von Saint Cloud stoßweise in die Höhe geschossen ist, fühlt er sich vom Duft des Flieders zärtlich umfangen. Aber ein bitterherber Baumsaftgeruch mischt sich darein, »so als hätte ich den Zweig zerbrochen«. Die natürliche silbrige Spur, die er auf dem Blatt hinterlassen hat, mutet ihn wie die einer Schnecke an oder wie die Marienfaden genannte einer Spinne. »Auf diesem Zweig jedoch kam sie mir vor wie die verbotene Frucht am Baum des Bösen.« Von nun an und für einige Zeit stellt er sich den Teufel in Gestalt dieses unendlich dehnbaren silbernen Fadens vor, den er *au rebours de ma vie naturelle,* in einer Umkehrung seines natürlichen Lebens, aus sich herausgezogen hat. Schließlich tröstet ihn wiederum der zärtliche Duft des Flieders über die benetzte Wäsche und den Geruch des zerbrochenen Zweigs.[1]

Die Marienfäden oder Mariengarn genannten *fils de la vierge* oder *fils-de-Notre-Dame* sieht man bei uns auch als »Altweibersommer« an, obwohl die silbernen fliegenden Fäden, die an schönen Tagen im Frühherbst Wiesen, Felder und Zäune zieren, von frisch geschlüpften Spinnen stammen, die sich von der Luftströmung in ihr künftiges Revier tragen lassen. Die Jungspinne erklimmt einen

[1] DCCS, 646 (Esquisse III). K, GSB, 245.

*Iris germanica L.*

*A* Blumenzweig; *B* Rhizom; *C* ganze Pflanze; *1* Carpell (Stempel); dasselbe in nat. Gr.; *2* der Staubweg mit dem Perigon verwachsen; *3* äußeres Perigonblatt und Staubblatt; *4* Frucht; *5* dieselbe im Querschnitt. Aus: Schlechtendal, *Flora von Deutschland,* Bd. 4, S. 82 ff. Die echten, nach Veilchen duftenden »Perlen« stammen vom getrockneten Rhizom der weißblühenden *Iris florentina L.* aus Italien, aber auch das Rhizom der Deutschen Schwertlilie hat Veilchenduft. Es wurde in Frankreich zu Pulver zerrieben in Säckchen in den Wäscheschrank gelegt oder, wie von Proust beschrieben, in Perlenform aufgefädelt am Örtchen aufgehängt. Vgl. *Larousse Ménager,* Paris 1926.

Zaunpfahl oder Busch, reckt den Hinterleib in die Höhe und schießt einen Faden aus ihren Spinnwarzen empor. »Der Faden flutet im Wind, wird immer länger und trägt schließlich die Spinne durch die Luft fort.«[1] Fäden, die der Wind von ihrer Spinnerin losgerissen hat, fliegen wellenförmig dahin, während an den gerade fliegenden abzulesen ist, daß hinten eine winzige Spinne hängt. Will das Tierchen auf die Erde zurück, klettert es an dem Faden hinauf und wickelt ihn dabei mit den Füßen zu einem Flöckchen zusammen, in dem es langsam auf den Boden hinabsinkt.[2]

In der versponnenen Onanieszene spiegeln sich Erfahrungen des Jünglings Proust. Im Juni 1888 schrieb er an seinen Mitschüler Jacques Bizet einen verzweifelten Brief, nachdem seine Mutter ihm verboten hatte, seinen heißgeliebten Freund weiter bei sich oder bei ihm zu Hause zu sehen. Er schildert dem Liebsten die darauf folgende »wütende Szene, allmähliche Verzweiflung, Drohungen, schlechte körperliche Verfassung (...) Oh! heute morgen, Liebling, als mein Vater mich sah, flehte er mich an, wenigstens vier Tage das Masturbieren zu unterlassen.« Die Mutter verbietet, der Vater fleht, mitunter wurden im Hause Proust die Rollen vertauscht.[3]

In »Combray« ist die Beschreibung des stillen Örtchens weit über hundert Seiten von der Onanieschilderung getrennt. Das Klo unter dem Dach liegt neben der Studierstube, in der die Reproduktionen der Tugenden und Laster von Giotto an der Wand hängen. Es ist der Raum »unantastbarer Einsamkeit«, der einzige, in dem

[1] Heiko Bellmann, zit. nach Josef H. Reichholf, »Altweibersommer«, in: *Scheidewege* 36, 2006/2007, S. 410 f.

[2] *Meyers Konversations-Lexikon,* Leipzig u. Wien 1895, Bd. 1, S. 452.

[3] *Lettres,* S. 74 f.

Marcel sich einschließen darf, seine Kammer »der Lektüre, der Träumereien, der Tränen und der Wollust«.[1] Kein Flieder nimmt an seinen Sitzungen teil, die *branche cassée* hat sich in eine *branche de cassis* verwandelt. Der blühende Zweig eines wilden schwarzen Johannisbeerstrauchs neigt sich nun zum Fenster herein und mischt in dem kleinen Raum seinen bitterherben Duft mit dem lieblichen der Irisperlen. In der Ferne wacht der Burgturm von Roussainville-le-Pin. Von Allmacht keine Spur. *Défaillant,* einer Ohnmacht nahe, bahnt sich der kleine Forscher seinen unbekannten und für tödlich erachteten Weg, »mit dem heroischen Zaudern (...) eines Verzweifelten, der sich umbringen will«, bis schließlich seine natürliche Schneckenspur auf den Cassisblättern landet.[2]

Mit dem Flieder ist im Fensterrahmen der auf einen einzigen Satz reduzierten Szene die Weltlandschaft verschwunden, Wolken, Wald, Hügelbrüste und Fluß; Bruder Sonne hat sich verzogen, kein Opalstrahl erinnert an den Springbrunnen von Saint Cloud, und mit dem *fil de la vierge,* dem Marienfaden der Spinne, hat sich auch der Teufel aus dem Staub gemacht. Verdichten und Verschieben heißt das Verfahren, das Proust zur Läuterung der langen Onanieszene angewandt hat. Was sich in ihr offenbart und verbirgt, schält sich heraus, wenn man die Gehölze vergleicht, die in den drei Kammerfassungen als duftende Zeugen auftreten.

Zur Zeit von Bonnier war es noch üblich, in Floren die Bedeutung wissenschaftlicher Benennungen anzugeben. In der *Flore de France* sind außerdem noch die populären Namen der jeweiligen Pflanze in französischer, deutscher, flämischer, englischer und italienischer Sprache aufgeführt.

[1] DCCS, 12. K, US, 20.
[2] DCCS, 156. K, US, 231.

*Marronnier* heißt die gemeine Roßkastanie auf französisch, nach ihren Samen *marrons,* die im Unterschied zu den gleichnamigen Eßkastanien für den Menschen ungenießbar sind. *Marron* nennt sich auch die den genießbaren wie den ungenießbaren Samen eigene rotbraune Farbe. Warum Linné die Gattung der Roßkastanien *Aesculus* taufte, wie in der Antike die dem Jupiter heilige Wintereiche hieß, ist nicht überliefert. Die rosablühende Roßkastanie ist durch spontane Kreuzung aus der weißblühenden Art mit dem amerikanischen Großstrauch *Aesculus pavia* entstanden. Aus dieser Hybride hat der Gartenmeister Briot 1858 in Versailles die herrliche Scharlachkastanie gezüchtet, die nach ihm *Aesculus x carnea Briotii* heißt. Sie ist etwas kleiner als die weißblühende Art, das Grün ihrer Blätter ist dunkler, und ihre Früchte sind kaum stachelig.

In *Jean Santeuil* ist es nur ein riesiger Ast der Scharlachkastanie, den man vom Klofenster aus sieht, der Baum selbst gehört zum Pfarrhaus nebenan. Die fünffingrigen Kastanienblätter bleiben unbefleckt, denn noch ist der Ort der Notdurft kein Lustlabor. Das Klo ohne Wasserspülung, dessen steten Geruch die Irisperlen neutralisieren sollten, gab es tatsächlich im Haus der Tante von Proust in Illiers im zweiten Stock unter dem Dach. Auch die Scharlachkastanie entfaltet im Mai am Portal des Hauses, dem heutigen Musée Marcel Proust, noch immer ihre prächtigen rosaroten Blütenkandelaber. Sie ist das einzige der drei Gehölze, das ohne weiteres bis zum Dach hinaufreichen könnte. Nur würde niemand einen mächtigen Baum so nahe ans Haus pflanzen, daß er diesem alles Licht nähme und abbrechende Äste das Dach zerstören könnten. Der Flieder aber wird im Höchstfall acht Meter groß, und für den Cassisstrauch gibt Bonnier eine Höhe von einem bis anderthalb Meter an. Der scheinhaften Wirklichkeit zu genügen, läßt Proust den kleinen Strauch zwischen den Steinen der Mauer wachsen, aber kein Cassissame geht im Trockenen auf. Ein wirklicher wilder Cassisstrauch ist eine sterbliche Pflanze, die nur in feuchtem Erdreich gedeiht. Die Pflanzen der *Recherche* aber offenbaren, wie die Menschen des Romans, im Werden und Vergehen ihr unsterbliches Wesen.[1] Als beseeltes Gleichnisgeschöpf kann ein Cassisstrauch eben auch Mauerblümchen spielen.

Als Proust darauf kam, Marcels Erforschung einsamer Lust im Klo unter dem Dach stattfinden zu lassen, dem der Küche räumlich und olfaktorisch entgegengesetzten Ort der schlechten Gerüche, wurde die schöne Scharlachkastanie für die von ihm vorgesehene Rolle unbrauchbar. Ein Kastanienast mit Blütenstand und Blättern hätte das geöffnete Fenster gesprengt und jegliche Aussicht verstellt. Als natürlicher Vermittler zwischen weiter Welt und engem Raum, als tauber Lauscher, blinder Voyeur, stummer Zeuge und als Duft- und Blattspender bot sich der zierlichere Flieder an, *Syringa vulgaris L.,* aus der Familie der Ölbaumgewächse. Den Gattungsnamen hat Linné von Clusius übernommen, der im 16. Jahrhundert die durch Busbecq aus Konstantinopel nach Flandern gekommene Pflanze *Syringa flore cœruleo* nannte.[2]

*Syringa* geht auf das lateinische *syrinx* zurück, das, aus dem Griechischen übernommen, »Rohr, Pfeife, Flöte«, aber auch »unterirdische Kluft, Erdkluft« bedeutet. Syrinx

[1] »Denn der geniale Mensch kann nur dann Werke, die nicht sterben werden, ans Licht bringen, wenn er sie nicht nach dem Bilde des sterblichen Wesens erschafft, das er ist, sondern nach dem Menschheitsmodell, das er in sich trägt. Seine Gedanken werden ihm gewissermaßen für die Dauer seines Lebens geliehen, dessen Gefährten sie sind. Bei seinem Tode kehren sie zur Menschheit zurück und belehren sie.« CSB, 106 (»John Ruskin«). K, NV, 145.

[2] Albus 2007, S. 174 f.

ist in der griechischen Mythologie der Name einer arkadischen Nymphe, die in den unterschiedlichen Quellen mal als Flußnymphe, mal als Baumnymphe erscheint. Nach Ovid war sie die berühmteste der Dryaden, weil sie der von ihr verehrten Diana täuschend ähnlich sah, ebenso keusch war wie die Göttin und wie diese eine begnadete Bogenschützin. Am Fluß Ladon in ihrer Flucht vor dem liebestollen Pan durch die Wellen gehemmt, flehte Syrinx die schwesterlichen Nymphen an, sie in ein Schilfrohr zu verwandeln. Als Pan statt des Nymphenleibes nur ein Schilfrohr fing, schnitt er daraus seine siebenteilige Hirtenflöte und bewahrte in ihr den Namen des Mädchens.[1]

Als erd-, wasser- und pflanzenverbundene Wesen galten Nymphen als ebenso sterblich und unsterblich wie die Elemente, die sie verkörperten. Über die lieblichen Blütenfederbüsche des Flieders im vom Onkel auf Swann verschobenen Park schreibt Proust: »Die Nymphen des Frühlings hätten gewöhnlich gewirkt neben den jungen Huris.«[2] Die irdischen Nymphen sind dem Wandel der Jahreszeiten unterworfen, die des Frühlings müssen sich für den Winter in ihre unterirdischen Höhlen zurückziehen, während die himmlischen Hurijungfrauen im muslimischen Jenseitsgarten ewiger Süße über unvergängliche Reize verfügen und ohne Unterlaß Freuden spenden.

Der persisch-arabische, mit *Tausendundeiner Nacht* verknüpfte Aspekt des Flieders schließt die Elemente der Syrinxsage nicht aus. An die Jägerin erinnert der Name des Parkwärterhäuschens, über dessen gotischen Giebel das Minarett eines rosa Flieders zu Marcel hinüberschaut. Es ist aus dem Gartenreich des Onkels übernommen und heißt wie dessen Sommerpavillon »Bogenschützenhaus«.[3]

[1] *Metamorphosen,* I, 689-712.
[2] DCCS, 134. K, US, 199. [3] Ebd.

Auch ist der Flieder wie die Nymphe mit dem Wasser verbunden. Wenn er nicht im Regen badet, dann in der Sonne. Seinen ersten Auftritt in »Combray« hat er als Schattenspender über einer Bank bei einer Pumpe mit Brunnentrog, welcher Marcel an ein gotisches Taufbecken erinnert, weil oft ein Salamander seine verwitterte Steinwand ziert – das im 13. Jahrhundert für geschlechtslos gehaltene Tier symbolisierte mit seiner Flammenzeichnung auf der wie von Nässe glänzenden Haut die Keuschheit. Ist beim Flieder nichts Nasses in Sicht, dann spiegelt die Metaphorik sein flüssiges Wesen im Aufsprühen und Aufschäumen oder Herabrieseln der Blütenbläschen.[1]

Keusch wie Syrinx kann *Syringa* nur in Anbetracht der Unzugänglichkeit ihres Geschlechts erscheinen. *Diandra,* »zwei Männer« hat Linné die Klasse genannt, zu der das Fliedergeschlecht gehört. Die Staubgefäße der beiden »Männer« decken die ohnehin kleine Öffnung der Blumenkrone bis auf eine winzige Lücke vollständig ab. Mit ihrem Duft lockt *Syringa* in der Hoffnung auf Bestäubung Rüsseltiere an und lädt sie ein, sich an ihrem Nektar zu laben. Weder Bienen noch Hummeln sind ihr genehm, und das beruht auf Gegenseitigkeit. Das süße Sekret ihrer Blütchen tritt am Grunde der engen Blumenkronenröhre am und rings um den Fruchtknoten aus, in unerreichbarer Tiefe für den kurzen Bienenrüssel. Hummeln mit längeren Rüsseln sind nicht besser dran, denn ihr Saugorgan ist zu dick, um durch die winzige Mündung zu dringen. Die Räuber unter den Hummeln ficht das nicht an. Was sich nicht schenkt, das holen sie sich mit Gewalt. Bonnier beobachtete, wie wilde Hummeln von unten zum Nektar vordrangen, indem sie ein Loch in die Blütenröhre knabberten. Dann kamen bald auch Bienen herbeigeflogen, die

[1] Ebd.

Überreste des Nektars einzusammeln.[1] »Ein Insekt, welches an einer Blume einen Frevel verübt, ist zur Befruchtung derselben nicht bestimmt.«[2] Mit Pollenstaub sind die Fliederfrevler beim Nektarsaugen gar nicht in Berührung gekommen. *Syringa* ist schmetterlingsblütig, psychophil und sphingophil, das heißt, sie liebt Tagfalter und Nachtschwärmer, deren langer, dünner und elastischer Rüssel mühelos eindringen kann. Beim Herumtasten mit dem vom Nektar klebrigen Rüssel bleibt Pollenstaub daran haften, der beim nächsten Blütenbesuch auf die zweilappige Narbe fällt. Regnet es zur Zeit der Geschlechtsreife, stellt sich kein Falter ein. Dann bleibt *Syringa* nur die Autogamie, die »Selbsthochzeit«. Ihr Fruchtblatt ist etwas früher reif als die es überragenden Pollenblätter. Allein, auch nach dem Aufspringen der Pollenbeutel kann die Selbstbestäubung einen oder zwei Tage hindurch noch nicht stattfinden, weil die Antheren auswärts, zur Blütenwand hin, gewendet sind. Dadurch kann der aus ihnen hervorquellende Pollen nicht von selbst auf die Narbe gelangen. Erst das Verblühen macht es möglich. Wenn die Wände infolge des allmählichen Schrumpfens sich ringsum mit Pollen bedecken, fällt ein Teil des Staubs in der Blumenröhre zur Narbe hinunter.[3]

Was auf dem Höhepunkt der Fliederblüte mit den vom weiblichen Geschlecht abgewendeten Pollenblättern im Verborgenen geschieht, das Hervorquellen der Pollen aus den beiden Beuteln gegen die Wand des Blumenblatts, macht *Syringa* zur idealen Trostspenderin am geöffneten

[1] *Flore de France,* Bd. VII, S. 97f.

[2] Christian Konrad Sprengel, *Das entdeckte Geheimnis der Natur im Bau und in der Befruchtung der Blumen,* Berlin 1793, Neuaufl. Leipzig 1894, Bd. 1, S. 56.

[3] *Pflanzenleben,* Bd. II, S. 332.

Fenster des Örtchens. Allein, in der geläuterten Fassung muß Marcel ohne Trost auskommen. Die schwarze Johannisbeere verströmt einen Duft, der eher abstößt als zärtlich umfängt. Bei uns hieß die Beere im Volksmund in manchen Gegenden Scheißbeere oder Kakelbeere und der Strauch Stinkstrauch. Auch im französischen Sprachraum gab es vom penetranten Geruch geprägte mundartliche Namen der Beere. In einer Region wurde sie Bocksbeere genannt, in einer anderen Wanzenbeere, weil ihr Duft, wie auch Botaniker schreiben, an den des Abwehrsekrets der Blattwanze erinnert. In den Departements Haute-Saône und Doubs witterten die Nasen sogar Leichengeruch, weshalb sie dort Totenbeere hieß. In Büchern des 16. Jahrhunderts kommt der Name *poivrier*, »Pfefferstrauch«, vor. Die älteste lateinische Benennung hat Jean Bauhin in seinem Werk über göttliche und heilige Pflanzennamen festgehalten: *sancti Johannis racemi*, »Trauben des Täufers«.[1] Die reifen Beeren werden um Saint Jean geerntet.

Der strenge Cassisgeruch geht von der ganzen Pflanze aus, von den Blättern, Knospenschuppen, Blütenkelchen und Beeren, die alle mit winzigen goldgelben Drüsen übersät sind, welche ein ätherisches Öl erzeugen, das ohne seine Schwefelverbindung ein reines wohlriechendes paracymolhaltiges Terpenoid wäre. Nicht jeder Nase stinkt der Strauch. Bonnier nennt seinen Duft »stark und gewürzhaft«. Aus Auwäldern und Flachmooren ist der wilde Strauch im Mittelalter in unsere Gärten gekommen. *Ribes nigrum L.* ist sein botanischer Name. Der Gattungsname ist, wie der des Flieders, arabisch-persischer Herkunft. Den populären Cassisnamen hat die schwarze Johannis-

[1] Rolland, Bd. VIII, S. 15 ff.

beere in Frankreich von den Früchten der *Cassia fistula L.* übernommen, der Röhrenkassie, weil die reifen Beeren, wie das süßliche braune Mus der Röhrenfrüchte, ein Purgiermittel sind. Im Lateinischen kommt *cassis* zweifach vor. Beide Worte haben nichts mit Pflanzen zu tun, aber das eine mit dem Tier, dessen Drüsen ein Sekret ausscheiden, das an der Luft zu einem Seidenfaden erhärtet. *Cassis* bedeutet »Jägergarn, Netz, Spinnengewebe«.

Die unscheinbaren Glöckchen der Blütentrauben an den Cassiszweigen sind mehr Kelch als Blume. Der außen grüne, flaumhaarige Glockenkelch ist unten mit dem Fruchtknoten verwachsen und läuft oben in fünf zurückgeschlagene, innen glatte, bräunlichrot behauchte Zipfel aus, zwischen denen fünf winzige grünlichgelbe, eiförmige Blumenkronblätter aufrecht neben fünf kaum größeren Pollenblättern stehen. Die Mitte der Blüte bildet ein schlanker, sich nach oben verjüngender Griffel, dessen kleine Narbe hauptsächlich von *Osmia rufa* bestäubt wird, der solitären roten Mauerbiene. Die kugelige, glänzende, schwarze Beere krönt der mit ihr verwachsene verwelkte Kelch.

Die satanische Anmutung der süßen Beere haben die Botaniker der Zeit mit ihren anschaulichen Beschreibungen unfreiwillig noch gesteigert. Mit ihrem verwelkten Kelch als Krone und ihrer mit gelben Drüsen punktierten schwarzen Haut nimmt sie sich wahrlich wie eine Frucht des Bösen aus. Nur mit der Lupe sind diese »Pusteln« überhaupt wahrnehmbar.

In der langen Kammerfassung sieht Marcel seine »silbrige und natürliche Spur« auf dem Fliederblatt zuallererst als *fil de la vierge* an, der nur ein Unschuldsfaden sein kann. »Aber auf *diesem* Zweig« erscheint sie ihm als verbotene Frucht am Baum des Bösen, als Teufelsfaden, ja als der

*Ribes nigrum,* Theodorus Clutius, 16. Jahrhundert, Biblioteka Jagiellónska Krakau.

Teufel selbst. On voit la griffe, im zweifach übertragenen Sinn: als Samensignatur und Satansklaue. Aber warum auf *diesem* Zweig? Am geliebten Flieder kann es nicht liegen. Auch sind Samenfäden nicht wie Früchte zum Essen gedacht und läßt sich ein Samenerguß auf ein Blatt, wie sündig man die Onanie auch einschätzen mag, nicht als eine Umkehrung des natürlichen Lebens verstehen. Der böse Faden ist mit der Vorstellung vom zerbrochenen Zweig verknüpft, die der bitterherbe Duft auslöst, der nur vom Opalstrahl ausgegangen sein kann. Der erfundene Marcel unterscheidet sich vom erfindenden vor allem durch seine Liebe zum weiblichen Geschlecht. Wie bei der Selbstbestäubung des Flieders, die nur beim Ausbleiben von Faltern notwendig wird, das weibliche Organ am Ende doch nicht leer ausgeht, so wird Marcel seinen Samen eines Tages nicht Blättern, sondern Frauen spenden. Begehrte er das eigene Geschlecht, fände insofern eine Umkehrung des natürlichen Lebens statt, als »gegessen« würde, was zum Erzeugen von »Früchten« gedacht ist und auf diese Weise für die Fortpflanzung verloren wäre. Dann würde bei dem Blatt, das am Stammbaum Marcels Namen trägt, der Zweig abbrechen.

So hat Proust den Gedanken an den zerbrochenen Zweig in der endgültigen Kammerfassung getilgt, den mit ihm verknüpften Teufelsfaden eingezogen. Am Zweig des *cassis sauvage* hat sich der Gedanke in Duft aufgelöst und das Böse in bloßen Schein, denn die mit Tod und Teufel assoziierten Beeren sind in Wahrheit überaus bekömmliche Früchte. Sie reinigen nicht nur den Darm, laut Bonnier stärken sie Herz und Magen, lindern die Wassersucht und die Gicht. Sogar die unreifen grünen Beeren seien erfrischend und astringierend, und auf dem Land werde ein Aufguß von Cassisblättern als magenstärkender Tee getrunken. Mit Zucker werden allerlei rotviolette Süßigkeiten aus den Beeren gezaubert, wie Geleefrüchte, Sorbets, Marmelade, Sirup und Likör. Die rohe Beere bietet Proust dem Leser nur im Namen an, der die Beere und pars pro toto auch den Strauch bezeichnet. Die Kloszene spielt zur Zeit der Cassisblüte, Ende April oder Anfang Mai. In welchem teuflischen Zusammenhang das Wort *cassis* am Ende der *Recherche* wieder auftaucht, werden wir später sehen.

Nachdem der Cassisstrauch alles Böse geschluckt hat, das im Entwurf dem Flieder aufgebürdet war, ist die Unschuld von *Syringa* wiederhergestellt. Nichts wird die Schönheit des Flieders je beflecken. Im Kapitel der Kindheitserinnerungen hat er das letzte Wort, und am Anfang der *Wiedergefundenen Zeit* empfängt er den Leser am Eingang des Parks der Erinnerung. Wie Jean Santeuil ist Marcel vom Flieder tiefer berührt als von einem »noch so köstlichen bloßen Sinneseindruck«.[1] *Bois d'amour* hieß der Flieder einst im Berry, weil das harte Holz im Inneren lila geflammt ist. Als »Gehölz der Liebe« stellt ihn auch Proust dar, obwohl es der Flieder war, der ihn mit seinen »schimmernden Staubgefäßen« endgültig aus dem Paradies seiner Kindheit vertrieb.

Im Frühjahr 1881 erlitt der Neunjährige seinen ersten Asthmaanfall. Einhundertundzehn Kautisationen der Nasenschleimhaut ließ er in der Hoffnung auf Heilung über sich ergehen. Die Zerstörung des »erektilen Gewebes« seiner Nase sollte die Einwirkung der fatalen Pollen verhindern. »Wenn Sie jetzt aufs Land fahren«, meinte der verätzende Arzt, »*können* Sie keinen Heuschnupfen mehr bekommen.« Marcel fuhr mit den Eltern nach Illiers. Die ersten Fliederblüten lösten einen so heftigen Asthmaanfall

[1] JS, 476. K, JS, 451.

aus, daß er auf dem Weg nach Paris, wohin man ihn eilends brachte, an Händen und Füßen violett anlief wie ein Ertrunkener.[1]

Nach dem Tod der Tante, die sich in ihm zur »Leonie« mausern sollte, kehrte er im Herbst 1886 mit seinen Eltern noch ein einziges Mal nach Illiers zurück. Die einsamen Spaziergänge, die er bei Wind und Wetter in der Umgebung unternahm, hat er in »Combray« mit dem Erwachen erotischer Sehnsüchte verknüpft. Am Ende des Kapitels erscheinen dem Erzähler die Gegenden, die er als verträumtes Kind durchstreifte, als »die tiefsten Lagerstätten« seines geistigen Heimatbodens, als der feste Grund, auf den er sich nach so vielen Jahren immer noch stützt: die Gegend von Guermantes mit dem Fluß, den Kaulquappen, Seerosen und Butterblumen auf der einen Seite und auf der anderen, in Richtung Méséglise, am Park von Swann vorbei, die Gegend des Flieders, der Weißdornhecken, blühenden Apfelbäume, Mohn- und Kornblumen. Der Kindheit entwachsen und an andere Ufer getrieben, hat er das lebendige Bild dieser Landschaft stets mit sich getragen. Seit Jahr und Tag schwimmt ein Segment dieser Welt »wie ein blühendes Delos« – jene heilige Insel der Zwillingsgötter Apoll und Artemis, auf der nichts Totes begraben werden durfte – in seinem Gedankenstrom. »Wenn an Sommerabenden der harmonische Himmel wie ein wildes Tier grollt und jeder über das Gewitter mault«, verdankt er es der Gegend von Méséglise, daß er allein im rauschenden Regen verharrt und entzückt »den Duft von unsichtbarem, unverwelklichem Flieder« einatmet.[2]

»Die frischen grünen Herzchen« der Fliederblätter zu besprengen, bleibt in »Combray« dem Himmel überlas-

[1] *Lettres,* S. 1020.
[2] DCCS, 183. K, US, 271.

sen. Die Erinnerung an die Blattbefleckung – im Entwurf in Gedanken eingebettet, die um Traum und Schlaf kreisen – ist mit einsamen Streifzügen des Halbwüchsigen im Herbst in der Gegend von Méséglise-la-Vineuse verwoben und mit den Gedanken an die Lust, die den Reizen der Natur entsprang. Die Sonne vergoldete die vom Regen gewaschenen Bäume und das Ziegeldach der Gärtnerhütte von Montjouvain, das sich im Teich rosa marmoriert spiegelte. Auf dem Dachfirst spazierte ein Huhn umher, dessen Gefieder der Wind ebenso in die Horizontale blies wie die in der Mauerwand wachsenden Gräser, »und mit der Gelöstheit regloser, leichter Dinge ließen sich Federn und Gräser in die äußerste Länge ziehen«.[1] Wohlgesonnen schien dem Wanderer der Wind, in dem er den besonderen Geist der Gegend erkannte. Wenn er nach Combray kam, suchte er ihn stets als erstes auf, um sich von ihm über die Felder ziehen zu lassen. Als er sich vor der Zeit seiner Herbststreifzüge in Swanns rotblonde Tochter Gilberte verguckt hatte, liebkoste er den Windhauch, der ihm unverständliche Botschaften der Abwesenden zutrug. Allein, »wer auf Trug vertraut, der weidet Winde«, heißt es im Alten Testament, und was damit gemeint ist, sollte Marcel im Wald von Roussainville erfahren.[2]

Aus der Exaltation, die der Anblick des schimmernden Daches, der langgezogenen Gräser, des Dorfes Rous-

[1] DCCS, 153. K, US, 227.

[2] *Qui nititur mendaciis hic pascit ventos, idem autem ipse sequitur aves volantes.* Spr 10,4 in der Vulgata. Diese von Augustinus kommentierte, in den Bibelübersetzungen nicht aufgenommene Erweiterung von Spr 10,4 kommt auch in Pascals »Gespräch mit Herrn de Sacy über Epictet und Montaigne« vor. Augustinus kommentiert: »Denn ›Winde weiden‹, was könnte anders damit gemeint sein, als bösen Geistern zur Weide dienen, das heißt, ihnen in seiner Verirrung ein Gegenstand der Lust und des Gelächters sein?« *Confessiones* 4,3.

sainville, seines Kirchturms und der Bäume seines Waldes dem Wanderer bescherte, ging das »grenzenlose Verlangen« nach einem Erdewesen aus Fleisch und Blut hervor, ein Verlangen, das sein Segel mit einer mächtigen, unbekannten Brise schwellte und ihn in die günstige Richtung von Roussainville trieb. Es war der Burgturm, der Donjon von Roussainville, den er anflehte, »irgendein Kind des Dorfes zu ihm zu schicken«. Im Quadrat des halbgeöffneten Klofensters nahm er nichts als diesen Donjon wahr, den einzigen Vertrauten seiner ersten Begierden. Aber ach, der im Mittelalter als Wohnturm, Wehrturm und letzter Zufluchtsort bei einer Belagerung dienende Donjon, das Symbol weltlicher Herrschaft, war eine Ruine, wie der Leser in der *Wiedergefundenen Zeit* erfährt. Vergeblich wurde er angefleht. Nach der eingeblendeten Frühlingserinnerung an die Cassisbesprengung wieder im Herbst weiterwandernd, setzte Marcel seine Suche nach einem erdverbundenen Geschöpf, das sich seine Umarmungen gefallen ließe, bis zum Portal von Saint-André-des-Champs fort. Weder dort noch im Wald von Roussainville tauchte das ersehnte Bauernmädchen auf. Die Nacht brach herein, und allmählich dämmerte es ihm, daß der »unfruchtbare Boden«, die »erschöpfte Erde« nicht hergab, was er so heiß ersehnte. Niemals könnte in Erfüllung gehen, was keiner Realität entsprach, was seine Wünsche ihm nur vorgegaukelt hatten.[1]

Die Passage der Herbststreifzüge beginnt mit Schlägen und endet mit Schlägen. Am Anfang schlug ein jauchzender Marcel aus schierer Begeisterung über das Naturschauspiel mit dem Stock oder Regenschirm gegen Bäume, Büsche, Hecken und Mauern, und am Ende ließ er seine Wut über das Ausbleiben eines Kindes aus dem Dorf mit

[1] DCCS, 156 ff. K, US, 232.

dem Stock an den Bäumen von Roussainville aus. Die Züchtigung der Bäume ist der Auftakt zu einer Erinnerung aus späterer Zeit, die wieder an den Ort führt, dessen letzte Silbe »vergeblich« heißt: Montjouvain. Ursprünglich hatte Proust den Wohnsitz des Klavierlehrers Vinteuil und seiner Tochter *La Taupinière,* »Der Maulwurfshügel« genannt, »wegen seiner gleichsam unterirdischen Lage«, denn das Landhaus am Ufer des Teiches war mit der Rückseite einem mit Gebüsch bewachsenen Hang zugewandt.[1] Am Ende eines heißen Tages war Marcel im Schatten der Büsche auf dem Hang eingeschlafen. Als die Nacht hereinbrach, wachte er auf und war ganz Auge und Ohr. In einer dem Cassisstrauch vergleichbaren Position konnte er vor dem halbgeöffneten Fenster des Hauses im erleuchteten Salon das melodramatische Liebesspiel zweier Künstlerinnen des Bösen verfolgen: Mademoiselle Vinteuil im Trauerkleid aus schwarzem Crêpe und ihre Geliebte, die in blasphemischer Lust das Bild des kürzlich verstorbenen Vaters schändeten. Dem Voyeur blieb das Geschehen zunächst rätselhaft, aber es prägte seine Vorstellung vom Sadismus als vergeblichem Spiel der Simulation des Bösen. Die Lust an der Lästerung des Toten, der sein Witwerleben ganz seiner Tochter geweiht hatte, an dem Bespeien seiner Photographie, war aus einem Übermaß der Adoration geboren. »Einem Ungläubigen, dem die Hostie nichts bedeutet, kann ihre Schändung keinerlei Lust verschaffen.«[2] Es sind gerade »die von Natur so tugendhaften Wesen«, erläutert der Erzähler, »deren Empfindung so rein ist, daß ihnen selbst die sinnliche Lust als etwas Schlimmes erscheint, als ein Privileg der Bösen«, die nachzuahmen sie sich abmühen, um sich »eine

[1] DCCS, 796 (Esquisse LI).
[2] Ebd., 799.

Weile in der Illusion zu wiegen, sie seien in der unmenschlichen Welt der Lust ihrer gewissenhaften und zärtlichen Seele entronnen«.[1] Den Dialog der Simulantinnen nahm der Lauscher am halbgeöffneten Fenster als »liturgische Responsorien« ihrer Profanationsriten wahr.

[1] DCCS, 162. K, US, 240.

# V
# Ziegenkraft und Bruderbrot

Die teuflische, mit dem Bösen identifizierte Lust ist von der Blattbefleckung zur Bildbefleckung, vom zarten Knaben zum derben Mädchen übergesprungen. Der schwarzen Erinnerung liegt eine weiße zugrunde. Das Fräulein im schwarzen Mieder kannte der Voyeur aus Kindertagen. Damals hatte er sich an der von Sommersprossen übersäten Haut des jungen Mädchens ergötzt. Das war im Marienmonat Mai, als in der Sphäre des Heiligen seine Liebe zum Weißdorn begann, dem »katholischen und köstlichen Strauch«.[1] Vinteuil und seine wie ein Junge aussehende Tochter nahmen neben Marcel und den Seinen in der Kirche von Combray am Samstagabend an der Maiandacht teil. Der Altar war zu Ehren der Heiligen Jungfrau mit blühenden Weißdornzweigen geschmückt, die »von den Mysterien, an deren Zelebration sie teilhatten, nicht zu trennen waren«, da sie »ihre waagerecht miteinander verbundenen Zweige als eine Festappretur inmitten der Leuchter und heiligen Gefäße ausbreiteten«.[2]

Rosenkranzgebete und Responsorien wie die Lauretanische Litanei, in der die Marienverherrlichung so un-

[1] DCCS, 138. K, US, 206.
[2] DCCS, 110f. K, US, 165.

überbietbar zum Ausdruck kommt, gestalten eine Maiandacht. Als Höhepunkt der »mystischen Feier« wird am Ende nicht das Mysterium der Wandlung, sondern die Aussetzung des Allerheiligsten zelebriert. Der in einen weißen, mit Blumenornamenten bestickten Chormantel, das weite, steife Pluviale, gehüllte Priester stellt die Monstranz zur kniefälligen Anbetung auf den Altar. Während ihrer Beweihräucherung werden die beiden letzten Strophen des Hymnus *Pange lingua* des Thomas von Aquin gesungen.[1] Bevor der Priester die Monstranz ergreift, wird ihm ein Seidenvelum über die Schultern gelegt, das auch seine Hände verschleiert. Wenn er so gänzlich verhüllt mit der Monstranz vor dem Gesicht als Mensch gleichsam verschwunden ist und der Gemeinde den eucharistischen Segen erteilt, läuten die Kirchturmglocken, indes die Meßbuben die Wandlungsglöckchen erklingen lassen. Mit einer marianischen Antiphon, einem *Salve, Regina, O gloriosa virginum* oder *Ave, maris stella* klingt die Maiandacht aus, die das kontrapunktische Geschehen zu den Wandlungen des Weißdorns bildet, die Marcel imaginierte.

Der erdichtete Marcel, nicht der dichtende *verehrte* den Weißdorn. *Je ne venère pas l'aubépine, je vais la voir et la respirer,* schreibt Proust im Vorwort zur *Bible d'Amiens.*[2] Was er sah, einatmete und als Umkehrung der Marienverherrlichung komponierte, geht aus der Gestalt, dem Duft und den Namen des Weißdorns hervor.

[1] *Tantum ergo Sacramentum*
*Veneremur cernui:*
*Et antiquum documentum*
*Novo cedat ritui:*
*Præstet fides supplementum*
*Sensuum defectui.*

*Genitori, Genitoque*
*Laus et jubilatio*
*Salus, honor, virtus quoque*
*Sit et benedictio:*
*Procedenti ab utroque*
*Compar sit laudatio.*

[2] BA, 89 u. CSB, 137. K, NV, 188.

*Cratægus oxyacantha L.*

*A* blühender Zweig; *1* Blüte im Längsschnitt; *2* Staubgefäße; *B* Fruchtzweig. Aus: Schlechtendal, *Flora von Deutschland*, Bd. 25, S. 32 ff.

Den dornigen Strauch mit der Blütenfülle im Mai haben schon die Bildhauer der Kathedralen von Bourges und Amiens mit der Gottesmutter verbunden, den Kranz der Staubblätter mit ihrer Krone im Himmel, den Dorn mit ihrem Leid auf Erden. *Fleur de Marie, épine de la Vierge, mois de Mai,* »Maimonat« oder schlicht *mai* wurde der Weißdorn in manchen Landstrichen genannt. Sogar der zweifelhafte Geruch der trimethylaminhaltigen Blüten, deren bittersüßer Mandelduft eine fischige, an Sperma und Urin erinnernde Note hat, fand eine fromme Erklärung: er rühre von den Windeln des Jesuskindes her, die Maria zum Trocknen auf einem Weißdornstrauch ausgebreitet habe. Nach alter gallischer Legende soll die Dornenkrone Christi aus Weißdorn gewesen sein. *Salutaris herba* »Kraut des Heils« heißt die Pflanze deshalb im Arzneibuch des Marcellus Empiricus zu Beginn des fünften Jahrhunderts. Am Ende des 12. Jahrhunderts hat der unbekannte Dichter des Heldenepos *Raoul de Cambrai* die Frucht des Weißdorns *cenelle* getauft, wie sie heute noch heißt. Das Wort geht wahrscheinlich auf das lateinische *acinus,* »Weinbeere«, zurück. Der abfälligste Name der Frucht kommt in einem Wörterbuch des 17. Jahrhunderts vor: *cul de chien,* »Hundearsch«.[1] Die mundartlichen Namen verbinden die Früchte mit den Tieren, die sie gern fressen, den Vögeln und Schweinen. Wenn sie sich auf die Heilsgeschichte beziehen, erscheinen die Früchte als Birnen des lieben Gottes oder des Teufels.[2] Alle Dinge haben auf der symbolischen Ebene eine Tag- und eine Nachtseite. Ob eine Frucht dem Bösen oder dem Guten zugehört,

[1] Rolland, Bd. V, S. 143 ff. Nicht als Mehlbeere, sondern als Schimäre einer Rose kommt ein veritabler Hundearsch in »Combray« vor: *Qui du cul d'un chien s'amourose, / Il lui parait une rose.* DCCS, 122. K, US, 181.

[2] Rolland, Bd. V, S. 154.

hängt vom Kontext ab, in dem sie erscheint. Als Nahrung der im Schlamm wühlenden Schweine sind die *cenelles* des Teufels, als Speise der am Himmel fliegenden Vögel Gaben Gottes.

*Cratægus oxyacanthus* hat Linné das Rosengewächs genannt, *Cratægus* nach dem griechischen *krataïgos* oder *krataïgon,* einem Kompositum aus *kratos,* »Herrschaft«, »Macht«, »Kraft«, und *aïgôn,* »Ziege«, was Bonnier damit erklärt, daß die jungen Blätter des Strauchs den weidenden Ziegen Kraft spenden. *Cratægus oxyacanthus* heißt demnach »spitzdornige Ziegenkraft«.[1] Das Geschlecht der Pflanze verfügt über zwanzig bis fünfundzwanzig auf dem Kelchrand sitzende Pollenblätter mit rundlichen, roten Staubbeuteln an den Spitzen zarter, weißer Staubfäden. Der Pollenblätterstrauß umfaßt zwei, selten drei Griffel, die, unten etwas verwachsen, auf dem im Kelch versenkten Fruchtknoten stehen. Die fünf runden, weißen Kronblätter der Blume sind fein gekerbt; das Laub, das die in Doldentrauben an der Spitze der Zweige prangenden Blüten umrahmt, ist zierlich gezähnt und mal mehr, mal weniger tief geschlitzt. Die eiförmigen Früchte, bei uns Mehlbeeren oder Mehlfäßchen genannt, haben eine steinharte, blutrote Schale, die oben in die helleren umgeschlagenen fünf Kelchzipfel ausläuft wie in eine umgekehrte Krone. Im gelblichen, weichen Fleisch der Mehlbeere ist mit zwei oder drei Steinkernchen für die Fortpflanzung gesorgt. Die hellen, steifen, dicken Dornen an den Ästen sind einen Zentimeter lang und schützen vor Rindenfraß. Wilde Wald- oder Sandbienen der Gattung *Andrena* wirken als Bestäuber der spitzdornigen Ziegenkraft, aber auch Fliegen und Käfer lockt der Blütenduft aus der Ferne herbei. Beim Blütenbesuch der stürmischen

[1] *Flore de France,* Bd. IV, S. 13.

Gäste bleibt es nicht aus, daß der eine oder andere Staubbeutel vom Faden fällt.

Dreierlei hebt Bonnier am Weißdorn hervor: die Wandlungsfreudigkeit, die Langlebigkeit – einzelne Bäume wurden fünfhundert Jahre alt – und die ungeschlechtliche Vermehrung durch Wurzelknospen. Aus letzteren gehen kräftige Stämme hervor, die größere Blätter und weniger dornige Zweige haben als die durch Keimung entstandenen. Etliche Bäume, Sträucher und Stauden vermehren sich im Alter oder wenn sie beschädigt werden, ungeschlechtlich durch Wurzelbrut. Verjüngung durch Vervielfältigung ist ihre lebensrettende Devise. Das Erbgut der Schößlinge ist mit dem der Mutterpflanze identisch. Wenn diese abstirbt, lebt sie in jenen fort. Langsam in ihren Schößlingen weiterwandernd, nimmt eine klonbildende Pflanze im Raum einen beschränkten Platz ein, während die Tiefe der Zeit, in der sie zu wurzeln vermag, wenn sie ungehindert weitersprossen kann, unermeßlich ist. Gäbe es einen Weißdornwald, der aus der Wurzelbrut eines einzigen Baumes hervorgegangen wäre, könnte er, wie jener achtzig Hektar umfassende Wald aus fünfzigtausend Espen, den man in Amerika fand, Jahrtausende alt sein. In einer Umkehrung des Verhältnisses von Vorfahren und Nachkommen, ist in einem Klonwald der jüngste Schößling zugleich der älteste.[1]

Am Ende der *Recherche* nimmt sich der Erzähler vor, in seinem zukünftigen Werk die Menschen in dieser Ausdehnung darzustellen, als Wesen, die einen so beschränkten Platz im Raum und einen unermeßlichen in der Tiefe der Zeit einnehmen.[2] Auch Worte wurzeln tiefer in der

[1] Vgl. Claude Lévi-Strauss, »Une petite énigme mythico-littéraire«, in: *Le Regard éloigné,* Paris 1983, S. 291 ff.

[2] TR, 625. K, WZ, 528.

Zeit, als wir zu ermessen vermögen, da der Ursprung der Sprache im Dunkeln liegt. Das Interesse an der Etymologie, der »Lehre vom wahren Sinn der Worte«, teilte Proust mit seinen geistigen Vorfahren im Mittelalter. Als er noch glaubte, seinen Roman in drei Bände zu fassen, erwog er als Titel *L'Âge des noms, L'Âge des mots* und *L'Âge des choses.*[1]

Die Weißdornbenennung ist dem Lateinischen entsprossen. *Aubépine* stammt von *alba spina.* Das von *alba* abgeleitete Substantiv *aube* heißt »Morgendämmerung«, im übertragenen Sinn »Anfang«, »Anbeginn«, aber auch die Albe, das lange weiße Gewand, das der Priester bei der Zelebration über der Soutane trägt, wird *aube* genannt. Das in *pinus* wurzelnde weibliche Substantiv *pine* bezeichnet vulgärsprachlich das männliche Glied, »besonders bei Knaben«.[2] *L'épine,* »der Dorn«, ist wie *spina* weiblich und so auch die *aubépine.* Marcel liebt sie von Anbeginn in der Mehrzahl.[3]

In bräutlicher Unschuld erscheinen ihm die Laubgirlanden der *aubépines* auf dem Altar, »die noch verschwenderisch mit strahlend weißen Knospensträußchen bestreut waren, wie auf einer Brautschleppe. Aber auch wenn ich sie nur verstohlen anzuschauen wagte, spürte ich, daß diese prunkvollen Appreturen lebendig waren, daß die Natur selbst, als sie die Einschnitte der Blätter vertiefte und zur höchsten Zierde die weißen Knospen hinzufügte, dieser Ausschmückung eine Würde verliehen hatte, die dem entsprach, was ein volkstümliches Freudenfest und zugleich eine mystische Feier war.« Im Gegensatz zu den

[1] *Lettres,* S. 628. [2] *Sachs-Villatte* 1899, S. 1173.

[3] Da sich der Weißdorn im Deutschen nur in der Blütenform in die Mehrzahl setzen läßt, mit *aubépines* aber nicht nur die Blüten gemeint sind, bleibe ich bei der französischen Benennung.

Blatt- und Blumenornamenten eines Pluviales sind die Appreturen der *aubépines* ein Werk der Natur, die auch ein Velum über das »weiße Fleisch«[1] der Blüten gelegt hat: »Weiter oben öffneten sich hier und da mit sorgloser Anmut ihre Blumenkronen, die als letzten duftigen Putz den Strauß aus Staubfäden, die so fein wie Marienfäden waren und der sie vollkommen verschleierte, so lässig zusammenhielten, daß ich, als ich in meinem Inneren der Gebärde ihres Aufblühens folgen, sie nachzuahmen versuchte, sie mir vorstellte, als sei es die gedankenlose rasche Kopfbewegung eines zerstreuten, lebhaften, unschuldigen jungen Mädchens mit kokettem Blick aus verengten Pupillen gewesen.«[2]

Nach Marcels Verwandlung in eine Mädchenblüte sehen wir den »überaus prüden Vinteuil«, der in rührender Fürsorglichkeit immer zusätzliche Schals bereithielt, um sie seiner doch so robusten Tochter über die Schulter zu werfen. Der Erzähler zeigt ihn uns nicht in der Kirche, sondern im Salon von Montjouvain. Vom buschigen Abhang aus hatte Marcel einst beobachtet, wie der Klavierlehrer, der sich immer in die Lage seiner Mitmenschen versetzte, aus übergroßem Zartgefühl die Noten seiner Komposition verbarg. Wie der Vater, so die Tochter. Die Blicke des Mädchens hatten »oft einen sanften, zartfühlenden, fast schüchternen Ausdruck. (...) Wenn sie gerade etwas gesagt hatte und, weil sie es im Sinne derjenigen hörte, an die es gerichtet gewesen war, Mißverständnisse befürchtete, konnte man in ihrem männlichen Gesicht eines *bon diable* die feineren Züge eines betrübten jungen

[1] DCCS, 136. K, US, 202 (*blanche chair* übersetzt als »weiße sinnliche Fülle«).

[2] DCCS, 111. K, US, 165. Zu *étamines,* »Staubfaden« *und* »Staubgefäß«, vgl. Fn. 2 auf S. 101.

Mädchens sich so klar abzeichnen sehen, als sei es durchsichtig.«[1] Durchsichtig wie die Monstranz – in einem Fragment der Ur-Recherche ist das Motiv vorweggenommen: »Denn diese schönen Adelsnamen sind entweder geschichtslos und dunkel wie ein Wald oder geschichtsträchtig, und immer erhellt das Licht aus den uns wohlbekannten Augen der Mutter die ganze Gestalt des Sohnes. Das Gesicht eines lebenden Sohnes, die Monstranz, welcher der ganze Glaube einer erhabenen toten Mutter galt, ist gewissermaßen die Entweihung dieser geheiligten Erinnerung.«[2] Wie die Züge der tugendhaften Mutter im Gesicht des lasterhaften Sohnes als profaniert erscheinen, so die des tugendhaften Vaters im Gesicht der lasterhaften Tochter.

Vom *bon diable* springt die Erinnerung in die Kirche zurück, wo die glorreichen *aubépines* am Ende den alle Sinne ergreifenden Höhepunkt der mystischen Feier in ihrer natürlichen Art umgekehrt spiegeln: »Als ich beim Verlassen der Kirche vor dem Altar das Knie beugte, roch ich plötzlich, als ich mich wieder erhob, wie die *aubépines* einen bittersüßen Mandelduft verströmten, und da bemerkte ich auf den Blüten kleine blondere Stellen, unter denen, wie ich mir vorstellte, dieser Duft verborgen sein mußte wie der Geschmack unter den überbackenen Teilen eines Mandelcremetörtchens oder der der Wangen von Mademoiselle Vinteuil unter ihren Sommersprossen. Trotz der stillen Unbeweglichkeit der *aubépines* war dieser intermittierende Duft wie das Murmeln ihres intensiven Lebens, von dem der Altar bebte wie eine ländliche Hecke durch lebendige Fühler, an die man beim Anblick mancher beinahe rotblonder Staubfäden dachte, die die früh-

[1] DCCS, 112. K, US, 167.
[2] »Zwei Fragmente aus einer Ur-Recherche«, NW, 100f.

lingshafte Heftigkeit und in Erregung versetzende Macht heute in Blüten verwandelter Insekten zu haben schienen.«[1]

Die Idee einer *unio mystica* von Blume und Insekt haben die *aubépines* in der Natur ihrem Betrachter nahegelegt. Den beutellosen, gelblicheren unter den intakten Staubfäden und den rötlichgelben Flecken auf den Blütenblättern konnte Proust ablesen, daß es durch nektarnaschende und pollensammelnde Sandbienen – die aus den Pollen mit etwas Honig ein »Brot« für ihre in Erdhöhlen ausschlüpfende Brut »backen« – zur »Hochzeit« des Weißdorns gekommen war. In den *fleurs de Marie* tritt in der Maiandacht eine befleckte Empfängnis in Erscheinung, die Marcel als mystische Selbstbestäubung imaginiert.[2] *Sous la custode,*[3] ganz »im Geheimen« eines Wortes tut sich in der Beschreibung der offenbaren Blattbefleckung das unsagbare Begehren kund. In dem Namen der mit Bittermandelöl parfümierten Törtchencreme *frangipane* ist das lateinische *pane,* »Brot«, enthalten. *Frangin* und *frangine* heißen »Bruder« und »Schwester« in der Umgangssprache. Das »Bruderbrot« aus Pollen ist für Marcel wie die Hostie in der Monstranz und die sommersprossige Wange des *bon diable* zum Schauen, nicht zum Schmecken gedacht. Nur als Augenzeuge wird er an diesem Brot teilhaben.

[1] DCCS, 112. K, US, 167. Die frühlingshafte Heftigkeit, *la virulence printanière,* ist mit dem Geruch verknüpft, *virulence* ist vom lateinischen *virulentia,* »Gestank«, abgeleitet. Im 18. Jahrhundert wurden die Fuhrleute mit den Heringen angewiesen, Weißdornhecken zu meiden, weil die Fische in der Nähe der stinkenden Blüten augenblicklich faulen würden. Rolland, Bd. V, S. 163.

[2] In einer Skizze zu dieser Szene tritt die Selbstbefleckung deutlicher hervor; da wirken die befleckten Blumen »welk, fast beschmutzt, wie durchnäßtes Musselin«. DCCS, 870 (Esquisse LXIV).

[3] *La custode,* »die Kustodia«, ist das heilige Gefäß, in dem die große geweihte Hostie aufbewahrt wird, die der Priester in die Monstranz einsetzt, daher der übertragene Sinn von *sous la custode.*

Die Verwandlung des verworfenen in das »wahre Brot« war dem Bäcker Proust auferlegt. Mit einer Zurückweisung der Trennung von Geist und Hand reagierte er auf die Umfrage: »Wenn Sie gezwungen wären, einen handwerklichen Beruf auszuüben, welchen würden Sie wählen?« Für den Fall, daß »das Papier wirklich ausginge«, wollte er Bäcker werden. »Es ist ehrenhaft, den Menschen ihr tägliches Brot zu geben. Inzwischen stelle ich, so gut ich kann, das ›Brot der Engel‹ her, von dem Racine (...) sagte:

*Dieu lui-même le compose*
*De la fleur de son froment*
*C'est ce pain si délectable*
*Que ne sert pas à table*
*Le monde que vous suivez.*
*Je l'offre à qui veux me suivre:*
*Approchez. Voulez-vous vivre?*
*Prenez, mangez et vivez!*«[1]

Wie die Sandbiene *Andrena*[2] mit dem Pollenbrot für das Leben ihrer Nachkommen sorgt, so hat Proust sein Werk als Nahrung für die Nachwelt vorgesehen.

Die Umkehrung der Profanierung des Heiligen ist die Sakralisierung des Profanen. Nach den befleckten *fleurs de Marie* auf dem Altar schildert der Erzähler die Weißdornhecke, die am Swannweg im »summenden Duft« der Blü-

[1] CSB, 604 f. K, E, 417. Racine, *Cantiques spirituels,* IV, v. 23-30.
In wörtlicher Übersetzung:
Gott selbst bereitet es zu / Aus seines Weizens Blüte
Dieses so köstliche Brot, / Das nicht aufgetischt wird
Der Welt, welcher ihr folgt. / Ich biete es denen, die mir folgen wollen.
Tretet heran. Wollt ihr leben? / So nehmt und eßt und lebt!

[2] Im *Dictionnaire universel d'Histoire Naturelle* von 1849 ist *Andrena pilipes* als die in Frankreich häufigste Sandbiene der artenreichen Gattung aufgeführt. Bd. I, S. 483.

*Lettner von Saint-Etienne-du Mont in Paris.*
Photo: Jacques Mossot (Structurae).

ten aufging. »Die Hecke bildete gleichsam eine Folge von Kapellen, die unter dem Gestreu ihrer als Ruhealtar aufgehäuften Blüten verschwanden; unter ihnen legte die Sonne ein Lichtgitter auf die Erde, so als sei sie eben durch ein großes Kirchenfenster gedrungen; ihr Duftstoff breitete sich so ölig, so festgelegt in seiner Eigenart aus, als hätte ich mich vor dem Marienaltar befunden, und jede der ebenso geschmückten Blumen hielt zerstreut ihren schimmernden Strauß aus Staubfäden, feine, sich strahlenförmig ausbreitende Rippen im *style flamboyant,* wie jene, die in der Kirche die Balustrade des Lettners durchbrachen oder wie die Mittelstäbe des Kirchenfensters und die in ihrer Entfaltung aussahen wie das weiße Fleisch von Erdbeerblüten.«[1]

Staubfäden mit ihrem *épinème* genannten spitzen Ende sehen tatsächlich wie Bienenfühler aus. Mit und ohne Beutel strahlenförmig angeordnet, mag man sie sich auch so ähnlich wie die floralen Marmorspitzen der Balustrade des einzigen Lettners von Paris vorstellen, aber die Mittelstäbe eines gotischen Glasfensters haben eher die Form eines Griffels.[2] *Style* heißt ein solcher auf französisch. Im *style flamboyant* hat sich einer wörtlich versteckt. Wie bei der Blattbefleckung im Örtchen das Instrument der Lust

[1] DCCS, 136. K, US, 202. Auf ganz andere Weise als Proust hat Ruskin in den *Lectures of Art* Weißdorn und Altar zusammengedacht: »Legt man einen unbehauenen Stein unter den Hagedorn auf einem Dorfplatz, trennt einen Teil des Platzes durch ein gewöhnliches Gitter von dem übrigen ab, weiht dann in welcher Form man will den abgeteilten Raum und versammelt sich so oft man mag innerhalb der Einfriedung, um zu beten und zu predigen, so wird man dennoch schwerlich die Dorfbewohner überreden können, daß Gott nur den Raum innerhalb der Umfriedung bewohnt und seine Gegenwart nicht darüber hinausgeht; daß diese Gänseblümchen auf der einen Seite des Gitters heilig, auf der anderen profan sind.« *Vorträge über Kunst,* aus dem Englischen von Wilhelm Schölermann, Leipzig 1901, Bd. IV, S. 71.

[2] Im 18. Jahrhundert hat der Klerus in Frankreich fast alle gotischen Lettner beseitigt. In Saint-Étienne-du-Mont, der Kirche in Paris, in der Racine und Pascal beigesetzt sind, ist der herrliche spätgotische Lettner noch erhalten, den Proust wohl im Sinn hatte, als er sich seinen Lettner ausdachte. Es hat sich eingebürgert, *étamine* mit »Staubgefäß« zu übersetzen. *Sachs-Villatte* 1899 gibt als erste Bedeutung noch »Staubfaden« an; *étamine* ist vom lateinischen *stamen,* »Faden«, abgeleitet. In einer Weißdornskizze sieht Marcel auf den »silbernen Blütenblättern zahllose kleine Stempel *(pistils),* die sich ganz aufrecht hielten«. DCCS, 865 (Esquisse LXII).

*Lettner von Saint-Etienne-du Mont.*
Photo: Jacques Mossot (Structurae).

nicht genannt wird, so werden auch bei der in der Kirche die beiden Griffel, die wie stehende *pines* aussehen, nicht erwähnt. Die sexuelle Note des Weißdornduftes herauszuriechen hat Proust ebenfalls dem Leser überlassen. Als Robert de Montesquiou das monierte, antwortete er ihm:

»Ich danke Ihnen tausendmal, daß Sie sich zu den Weißdornblüten äußern, obwohl ich spüre, daß Sie sie nicht mögen. Was, um Ihre Worte zu gebrauchen, die Mischung von Litanei und Coitus betrifft, so findet sie ihren schönsten Ausdruck in einem schon etwas altmodischen, aber berauschenden Klavierstück von Fauré, das vielleicht den Titel *Romances sans paroles* trägt.«[1] Deutlicher kann man es durch die Blume nicht sagen.

In einer Maiandacht während der Beweihräucherung des Allerheiligsten der Mutter Gottes den sexuellen Duft

[1] *Corr.*, Bd. XI, S. 66.

einer Selbstbestäubung unter die Nase zu halten, ist im wahrsten Sinne des Wortes haarsträubend. Vom lateinischen *reburrus,* »mit sich emporsträubendem Haare«, stammt das französische *rebours. À* oder *au rebours,* im Gegensinn oder in einer Umkehrung stellt sich der Weißdorn dar.[1] Entgegen der Regel, daß sich der Sinn eines Symbols aus dem Einklang mit dem Kontext ergibt, offenbaren die *aubépines* Marcel in der Kirche ihre Natur *à rebours* des Heiligen, und in der Natur wird ihm ihre Form *au rebours* des Profanen als Kirche offenbar. Nicht Huysmans mit seinem Roman *À rebours* hat dabei Pate gestanden, sondern Ruskin mit der *Bibel von Amiens.* Dessen Deutung der Statue Christi am Westportal von Notre-Dame d'Amiens paraphrasierend, schreibt Proust: »Löwe und Drache unter den Füßen Christi stellen die menschliche Sünde des Fleisches dar, im Gegensatz zur intellektuellen Sünde des Hochmuts, die auch die Sünde der Engel ist und die der Basilisk und die Aspis[2] symbolisieren. Die Prophezeiung: *Inculcabis super leonem et aspidem*[3] hat nicht nur Christus erfüllt, sondern auch jeder seiner wahren Diener. Aber die Bedeutung der Handlungen und Kunstwerke der christlichen Zeitalter, die nunmehr seit dreihundert Jahren verloren ist, kann nur *à rebours* gelesen werden, da wir den Hochmut und die Habsucht als Beweger aller

[1] *Rebours,* »Gegenstrich«, fig. »Widerspiel«, »Gegenteil«; *à rebours* oder *au rebours,* »gegen den Strich« (eines Stoffes, eines Fells), »in umgekehrter Richtung oder Ordnung«, »verkehrt«, »zuwider«, »in entgegengesetztem Sinn«, »auf eine der Vernunft oder der Sitte entgegengesetzte Weise«. *Grand Larousse de la langue française,* Paris 1971-1978, Bd. 6, S. 4920.

[2] Vom lateinischen *aspis,* »Otter«, hat die Aspisviper aus der Otterfamilie ihren Namen.

[3] Psalm 90,13 (nach der Vulgata-Zählung, in der Übersetzung Ps 91, 13): *super aspidem et basiliscum calcabis, conculcabis leonem et draconem,* »du trittst die Otter (Aspis) und den Basilisken mit Füßen, trittst den Löwen und den Drachen nieder«.

*Basilisk*

*Aspis*

*Christus mit Löwe*
*und Drache unter den Füßen.*
Aus: Mâle 1899, S. 44 f.

Dinge verherrlichen und als einzigen Führern unseren Leidenschaften folgen.«[1]

Ruskin hat es in seinem Moralisierungseifer krasser ausgedrückt: »Aber die spezifisch menschlichen Sünden, der Zorn und die Lüsternheit, Ursache der beständigen Traurigkeit unseres Lebens, hat Christus in Seiner eigenen Menschlichkeit besiegt und besiegt sie noch in Seinen Jüngern (...) und es ist immer noch anerkannt, daß sich die Prophezeiung: ›*Inculcabis super leonem et aspidem*‹ in Ihm erfüllt hat und in allen Seinen wahren Dienern (...). In diesem mystischen Sinn gebrauchte Alexander III. diese Worte, als er in Italien den Frieden wiederherstellte und dem Todfeind dieses Landes unter dem Portikus von San Marco Vergebung gewährte. Aber der Sinn jeder Handlung, sowie jeder Kunst der christlichen Zeitalter, der nunmehr seit dreihundert Jahren verloren ist, kann in unserer Zeit nur umgekehrt (reversed) gelesen werden, wenn er denn überhaupt mit dem konträren Geist, den wir jetzt erreicht haben, noch gelesen werden kann. Wir verherrlichen den Hochmut und die Habsucht als Tugenden, durch die alles besteht und sich bewegt, wir folgen unseren eigenen Begierden als unseren einzigen Führern zum Heil, und als einzige Hervorbringung unserer Hände und Lippen schwitzen wir unsere eigene Schande aus.«[2]

Sanftmütiger als der Löwe und unschuldiger als der Drache unter den Füßen des Heilands kann kein Schaf dreinschauen. Weiter unten am Sockel der Statue hat der Bildhauer auf einer Seite den Basilisken dargestellt und auf der anderen die Aspis, die ihr eines Ohr gegen die Erde preßt und das andere mit ihrem Schwanz verstopft.

[1] »Ruskin à Notre-Dame d'Amiens«, in: *Le Mercure de France,* April 1900; CSB, 741 f.

[2] *Works,* Bd. 33, S. 147.

Für Ruskin stellen diese beiden Wesen »in ihrer extremen Bösartigkeit« die allerschädlichsten Laster auf Erden dar: den Hochmut der Selbstvergötterung und den tauben Tod der Selbstbeschmutzung.[1]

Diese düstere Deutung der Aspis kontrastiert mit der heiteren des Mittelalters. Wie Mâle in *L'Art religieux du XIII^e^ siècle* zeigt, ist die Darstellung der anmutigen Schlange dem *Speculum Ecclesiæ* des Honorius von Autun entsprungen. Die Aspisdeutung der Predigt über Psalm 90 für Palmsonntag aus dem »Kirchenspiegel« des Honorius, die Mâle zitiert, hat Proust in einer Fußnote seiner Übersetzung wiedergegeben: »Die Aspis ist eine Art Drache, den man durch Gesang bezaubern kann. Aber er ist vor den Schlangenbeschwörern auf der Hut, und es heißt, daß er, sobald er sie vernimmt, ein Ohr gegen die Erde preßt und das andere mit seinem Schwanz verstopft, so daß er nichts hören kann und sich dem Beschwörungszauber entzieht. Die Aspis ist das Bild des Sünders, der sein Ohr gegen das lebendige Wort Gottes verschließt.«[2]

Schlangenbeschwörer müssen vor der Schlange auf der Hut sein. Die Umkehrung macht aus dem profanen Beispiel ein frommes Gleichnis. Nichts leichter für den Aspisdrachen, als sich vom Symbol endlicher Sünde in das der Ewigkeit zu verwandeln: steckte er den Schwanz ins Maul, würde aus ihm der Ouroboros, die Ewigkeitsschlange, bei der das Ende der Anfang ist, wie im Roman von Proust. Offenbar hat sich Honorius von dem alten Sinnbild inspirieren lassen. In Ruskins Interpretation des Basilisken und der Aspis gehört das Böse hingegen zur unumkehrbaren Zeit. Dem Basilisken, »König der Schlangen«, legt er die Worte in den Mund: »Ich *bin* Gott, und Gott *werde ich sein*«, und der Aspis, »niedrigster der Schlan-

[1] Ebd. [2] Mâle 1899, S. 44. BA, 287.

gen«, das Bekenntnis: »Ich *bin* Schmutz, und Schmutz *werde ich sein*«.[1]

Die Vermischung von Heiligem und Profanem wäre Ruskin in der *Recherche* noch unbegreiflicher gewesen als in der gotischen Kunst. »Nichts Geheimnisvolleres gibt es in der Geschichte des menschlichen Geistes als die Art, wie plumpe und lächerliche Bilder mit den ernstesten Gegenständen in den Werken des Mittelalters vermischt sind, mag es sich um Bildwerke oder Illustrationen handeln«, schreibt er in seinem Venedigbuch.[2] Drachen mit Bischofsköpfen, als Mönche verkleidete Affen, Mischwesen aller Art treiben auf den Randleisten illuminierter Stunden- und Meßbücher Schabernack, und auch die Phantasie der Bildhauer hatte bei der Gestaltung schrecklicher und komischer Ungeheuer freies Spiel. Bei den Oster- und Weihnachtsspielen, die in den Kathedralen, Kirchen und Klöstern aufgeführt wurden, waren die erhabenen Dramen mit Possen gespickt. Das mittelalterliche Spottmysterium ahmte die liturgische Form nach und kehrte ihren Inhalt um. Spott-Nativität, Spott-Tod und Spott-Auferstehung wurden nicht als Blasphemien angesehen. »Possenhafte Präfigurationen erhabener Mysterien« nennt sie Roman Jakobson. »Die Parodie des Glaubens an die Eucharistie, die Geburt Jesu und die Auferstehung machte sich nicht über die heilige Passion lustig, sondern über die Banalitäten dieser Welt im Gegensatz zu den erhabenen Ereignissen der Heilsgeschichte.«[3]

Die viktorianischen Wissenschaftler, die sich mit dem geistlichen Theater des Mittelalters befaßten, waren schok-

[1] *Works,* Bd. 33, S. 146. BA, 287.

[2] *Steine,* Bd. III, S. 183.

[3] Roman Jakobson, »Mittelalterliches Spottmysterium«, in: *Semiotik,* hrsg. von Elmar Holenstein, Frankfurt a. M. 1988, tb 1992, S. 350.

kiert über die Vermischung von Posse und Liturgie. Man glaubte, das komische Element sei aus der Gosse in die Sphäre des Heiligen eingedrungen. Es war Maurice Wilmotte, der 1909 darlegte, daß es nicht von außen kam: »Ob es sich um den liturgisch-dramatischen Kern handelt, der das Andenken an die Geburt des Heilands begründet hat, oder um den, der mit seinem Tod und seiner Auferstehung verknüpft ist, das komische Element ist als Keim in den ersten szenischen Entfaltungen, die die Kirche kannte, enthalten, wie diese Entfaltungen gewissermaßen in der Liturgie latent sind.«[1]

Ob Proust Wilmotte gelesen hat, ist nicht überliefert, aber auf seine Weise hat er den Spieß der Viktorianer umgedreht. In der *Gefangenen* erinnert Marcel der psalmodierende Ruf eines Lumpenhändlers: *»Chiffons, ferrailles à vendre, peaux d'la-pins«* an die Einleitung zum Pater noster in der gregorianischen Liturgie, eine Assoziation, die er mit den Farcen und Sotties des Mittelalters vergleicht.[2]

Bei seinem Studium der griechischen Mythologie war Ruskin aufgefallen, daß eine »merkwürdige Umkehrung oder Rückläufigkeit des Sinns (...) in beinahe jedem großen Mythos wirksam wird«.[3] Unbewußt gehorchte auch er diesem Gesetz. Er las die Madonna im Weißdornportal der Kathedrale von Bourges *à rebours,* als er in ihr eine »wahre Mai-Niobe« sah, jene hochmütige und die Götter lästernde Tochter des Tantalus, die sieben Söhne und sieben Töchter gebar.[4] Auch ihm war der Weißdorn in der

[1] Maurice Wilmotte, »L'élément comique dans le théâtre religieux«, in: *Études critiques sur la tradition littéraire en France,* Paris 1909, S. 124.

[2] Pr, 634. K, DG, 177. Vgl. die »gregorianische« Artischockenanpreisung der Gemüsehändlerin und die Rufe des Kleiderhändlers, die an das *Per omnia sæcula sæculo...rum* erinnern oder gar an *Requiescat in pa...ce.* Pr, 625. K, DG, 164.

[3] *Works,* Bd. 19, S. 317 (»The Queen of the Air«). [4] *Steine,* Bd. I, S. 56.

*Aubépine.*
Aus: Bonnier 1887, S. 156.

Natur eine Augenweide. Wie Marcel hat er in der Blüte das unschuldige Mädchen gesehen und eine Befleckung imaginiert, aber im Gegensatz zu dessen Weißdornminne haben bei seiner Betrachtung eines voll erblühten und eines knospenden Zweigs die Sinne von Nase, Ohren und Gaumen nichts zu melden. Die Blütenfülle des reifen Zweigs mutet ihn augenblicklich wie Schnee an. »Aber es ist nichts dergleichen. Weiß, ja in hohem Maße und vollkommen rein, aber weder blendend im Weiß noch in anmaßend rivalisierender Weise rein, wie Schnee es sein würde; immer noch irgendwie rein, gewiß und absolut weiß, dem Verfall, der Unvollkommenheit, ja sogar dem Leid und Verlust zum Trotz, den man in ihr sehen könnte. Denn jede ihrer kleinen Rosen hat in ihrem Zentrum ein grünes Dunkel, nicht einmal ein hübsches Grün, sondern ein welkes, gelbliches, klebriges, unfertiges Grün; und rundherum sind auf der ganzen Oberfläche der Blüte, deren muschelförmige Blätter tief eingesunken sind, mit grauen Schatten in den Mulden, über diese bereits gedämpfte Helligkeit die dunklen Punkte der abgestorbenen Staubgefäße gestreut, die sich, je länger man sie anschaut, immer mehr als eine Art grauer Sand offenbaren, mit dem das, was zunächst als fleckenlose Helligkeit erschien, freigebig besprenkelt ist. In jeglicher Hinsicht ist das liebliche Ding eher wie das Frühlingskleidchen eines vorsichtigen kleinen Mädchens von vierzehn Jahren und nicht wie eine Blume, ein Kleidchen mit einem kleinen fleckigen Muster darauf, um es davor zu bewahren, daß es einen unbeabsichtigten und unachtsamen Fleck erkennen läßt, falls das Schicksal je dergleichen verhängen sollte!«

Viel mehr als das Kleidchen entzücken ihn die makellos weißen Knospen am jungen Zweig. Sie erscheinen ihm »besser als die Perlen von Sankt Agnes' Rosenkranz,

*John Ruskin,* Photo von Elliott und Fry, 1875.
Aus: *Works,* Bd. 27.

mit den schmollenden Rändern ihrer kleinen Blätter, die, wie die allersanftesten Wellen, die sich auf flachem Sand begegnen, über und über zusammengefaltet sind; die sich dann leicht öffnen, gerade genug, um das violette Innere zur Schau zu stellen, das noch nicht violett ist, nicht einmal ›meno che le rose‹,[1] sondern von einem anderen Lila, als wir je sahen, schwach und fahl, noch bevor es das Licht erblickt, wenn sich der hauchzarte Blumenkelch über seiner Tiefe öffnet, es in purpurne Stäubchen müden Flors zerfällt und in Dunkelheit übergeht, wenn sich der Blumenkelch zur vollkommenen Rose ausbreitet. Diese ganze süße Verwandlung, die man so gern aufhalten würde, des sanften Glanzes der Knospe in eine sanft fallende Blume – wie oft hat man sie gesehen.«[2]

Rose La Touche hieß das kleine Mädchen, dem seine unglückliche Liebe galt. Sie starb unberührt am 25. Mai 1875, dem Tag, an dem Ruskin seine Weißdornbetrachtung für sein Werk *Proserpina* festhielt.

Bei Ruskin setzt mit dem Öffnen der Knospe der Verfall der Blume ein, während bei Proust mit dem Aufblühen die Feier des Blumenlebens beginnt. Ruskin liebte das kleine Mädchen in seiner Unschuld und fand es im Weißdorn gespiegelt. Marcel liebte den Weißdorn in seiner Befleckung und fand ihn im sommersprossigen Mädchen gespiegelt. Lange betrachtete und beroch er die *aubépines* der Hecke von Swanns Gartenreich, aber sie gaben ihm das Geheimnis ihres Duftes, ihrer Melodie, ihrer rhythmischen Bewegungen, »die so unerwartet waren

[1] Dante, *La Divina Commedia,* Purgatorio, XXXII, 58.

[2] *Works,* Bd. 25, S. 300 f. (»Proserpina«). Sankt Agnes' Rosenkranz spielt auf das Gedicht »The Eve of St. Agnes« von John Keats an. St. Agnes ist die Schutzpatronin der Jungfräulichkeit. Eine Zeile der langen Verserzählung lautet: *As though a rose should shut and be a bud again.*

wie gewisse musikalische Intervalle«, nicht preis.[1] Bei einem Strauch der Hecke, an dem die *aubépines* in rosa Rüschenroben gekleidet waren, steigerte sich noch sein Entzücken. Katholisch *und* köstlich mutete ihn der Rotdorn an, dessen zartrosa Knospe im Aufblühen das blutrote Wesen der gefüllten Blume offenbarte, köstlich die rosa Farbtönungen, die aussahen wie die des Rahmquarks mit Erdbeeren, und katholisch wie die überwältigende Fülle der Blütenpompons, die von der Natur wie zum Schmuck des Ruhealtars geschaffen waren, auf dem bei der Prozession am Fronleichnamsfest das Allerheiligste ruht.

In Liebe zum katholischen, köstlichen Strauch entbrannt, nahm Marcel jenseits der Hecke auf dem Kiesweg im Park die grüne Schlange eines Gartenschlauchs wahr, aus dessen Öffnungen »sich senkrecht der prismatische Fächer vielfarbiger Tröpfchen« erhob. Als er aufblickte, sah er die rotblonde, sommersprossige Gilberte Swann. Den langen Blick und die unanständige Geste, mit der sich ihm die kleine Gärtnerin mit dem Spaten in der Hand zu erkennen gab, wußte er so wenig zu deuten wie den Duft und die Bewegungen der *aubépines.* Er las sie im Gegensinn ihrer wahren Bedeutung, die sich ihm erst Jahrzehnte später erschließen sollte, als seine alte Flamme Gilberte ihm gestand, daß sie sich damals vor der rosa Dornenhecke gewünscht hatte, daß er an den Spielen der Jungen und Mädchen, die im Schutze der Dunkelheit in den Ruinen des Donjons von Roussainville stattfanden, mit ihr teilnehme. Aber wie er ihre Blicke als verächtlich empfunden hatte, so sie die seinen als böse.[2] Er sah es als sein Schicksal an, daß sie einander verkennen mußten:

[1] DCCS, 136. K, US, 203.
[2] DCCS, 138 ff. und AD, 269. K, US, 207 und K, DF, 409.

»Das Bild des kleinen rotblonden Mädchens mit dem Spaten, dessen Haut mit rosa Sommersprossen übersät war und das lachte, während es seine gleisnerisch ausdruckslosen langen Blicke zu mir hingleiten ließ, trug ich als Urgestalt eines Glücks, das durch unüberwindliche Naturgesetze für Kinder von meiner Art unzugänglich war, für immer mit mir fort.«[1]

Die vierte Weißdornszene in Combray ist eine Posse, die ursprünglich eine Ziegenszene war, in der Marcels Bruder Robert heulend von seinem heißgeliebten Zicklein Abschied nahm. Als Proust entschied, Robert im Roman aus dem Spiel zu lassen, wurde aus dem Zicklein die spitzdornige Ziegenkraft und hatte Marcel alle Trauer allein zu tragen.

»In jenem Jahr« seiner frisch erblühten Weißdornliebe mußte Marcel mit seiner Familie Combray schon im Mai wieder verlassen. Am Morgen der Abreise nach Paris, wo

[1] DCCS, 141. K, US, 209. *Bêche* heißt der Spaten, *bêcher,* »umgraben«, bedeutet im übertragenen Sinn »lästern, runtermachen, durchhecheln«; im Argot ist ein *bêcheur* ein »Täuscher, Flunkerer, Bluffer«, und unabhängig davon sagt man von einer affektierten, manierierten Person: *elle bêche.* Ein Gartenspaten dient zum Ein- und Umsetzen von Pflanzen, zum Zerteilen von Staudenhorsten. Vom Spatenstich und dem Nachtreten hat *bêcher* wohl seinen Lästersinn erhalten. In der deutschen Ausgabe ist *bêche* mit »Schaufel« übersetzt, diese heißt jedoch *pelle.* Aus *qui tenait une bêche de jardinage à la main* ist »die eine Gartenschaufel in der Hand trug« geworden. Man stellt sich ein kleines Mädchen mit einem Handschäufelchen vor und fragt sich, was für eine Geste das sein soll, mit der Gilberte Wünsche andeutet, die Marcel als Beleidigung mißversteht. Der Erzähler nennt die Geste *indécent,* »unanständig« und keineswegs »nicht ganz anständig«, wie es in der deutschen Übersetzung heißt. Auch »trug« sie die *bêche* nicht in der Hand, sondern hielt sie in dieser. Gilberte hielt einen am Boden stehenden Spaten am Stiel umfaßt. Die Bewegung, die sie mit der Hand andeutete, zeigte unmißverständlich, was sie im Sinn hatte. *Das* aber kann man zu zweit oder allein besorgen, und so läßt sich die Geste als Einladung oder als Beleidigung verstehen. Daß diese Geste einem Gilbert, aber keiner Gilberte zuzutrauen ist, steht auf einem anderen Blatt.

er photographiert werden sollte, wurde er in ein wattiertes Samtmäntelchen gesteckt, sein Haar auf Lockenwickler gedreht und darauf ein neuer Hut gesetzt. In diesem Aufzug entfloh er zur Dornenhecke, um tränenüberströmt von seinen *aubépines* Abschied zu nehmen. Halb Phädra, halb Rumpelstilzchen, drückte er die stacheligen Zweige an sein Herz, riß sich die Lockenwickler aus dem Haar, zertrampelte sie mitsamt dem Hut und erklärte den *aubépines* schluchzend seine unverbrüchliche Liebe. Die tragikomische Szene fand unter den Augen der Mutter statt, die den Flüchtling ausfindig gemacht hatte. Seine Tränen rührten sie nicht, »doch angesichts des zertretenen Hutes und des ruinierten Samtmäntelchens konnte sie einen Aufschrei nicht unterdrücken.«[1]

In der Urszene war der tragikomische Abschied des fünfeinhalbjährigen Robert von seiner kleinen Ziege mit dem verzweifelten Abschied des älteren Marcel von seiner Mutter verknüpft, die allein mit dem Jüngsten nach Evreux vorausreisen sollte. Bei der Trennung am Bahnhof sprach sie ihrem Wolf, wie sie Marcel zärtlich nannte, mit einer Formel Mut zu, die in der Messe zu den Eingangsworten der Opferhandlung gehört: *Sursum corda,* »empor das Herz«. *Habemus ad Dominum,* »wir haben es beim Herrn«, antwortet die Gemeinde dem Priester. *Habemus ad Dominam* hätte der kleine Wolf auf den Zuspruch seiner Mutter erwidern können, wenn er in der Liebe zu ihr und im Zorn über die Trennung nicht verstummt wäre.

Im Stundenbuch der *Recherche* bildet der Abschied von den *aubépines* die drollige Randleiste zur tragischen Illumination der Nacht der Nächte im Drama des Zubettgehens. *Peur bleue* heißt auf französisch, was wir eine »Heidenangst« nennen. Von blauer Angst sind Marcels

[1] DCCS, 143. K, US, 212.

Lustexperimente ebenso durchdrungen wie die Abende, an denen er sich ausmalt, ohne den erlösenden Gutenachtkuß der Mutter dem Grauen der Nacht ausgeliefert zu sein. *L'heure bleue* ist die Stunde, wo in ihm »jene Angst aufsteigt, die später in die Liebe auswandert und für immer unzertrennlich von ihr werden kann«.[1] Aber es ist auch die Zeit sehnsüchtiger Erwartung des Kusses, den er wie eine alle Angst und Schuld auslöschende Hostie empfängt. Allein, keine Nacht erscheint schuldbeladener als jene, in der sich Marcels heißester Wunsch erfüllte und seine Mutter ihr Bett neben dem seinen aufschlug. Schluchzend erkannte er, daß er ihren Willen brach und das Bild zerstörte, dem er hatte entsprechen sollen, und es schien ihm, als habe er »heimlich mit ruchloser Hand in ihre Seele eine erste Falte gezeichnet und aus ihr ein erstes weißes Haar zum Vorschein gebracht«.[2] Wider Erwarten war es der Vater gewesen, der die Mutter aufgefordert hatte, Marcel in seinem Kummer doch beizustehen. Wie der Patriarch Abraham, der Sarah gebietet, »sich zu Isaak zu begeben«, stand er vor Frau und Sohn im Treppenhaus, »groß, im weißen Schlafrock«, um den Kopf, weil ihn Neuralgien plagten, einen indischen Kaschmirschal geschlungen in den Spargelfarben Rosa und Violett.[3]

*Asperges* heißen die Spargel auf französisch. Wenn wir es lateinisch lesen, beginnt mit diesem Wort der gregorianische Gesang, der die Austeilung des Weihwassers am Anfang der Sonntagsmesse begleitet: *Asperges me, Domine, hysopo, et mundabor; lavabis me, et super nivem dealbabor,* »besprenge mich, o Herr, mit Ysop, und ich werde rein; wasche mich, und ich werde weißer als Schnee«. Das Lied geht auf Psalm 51,9 zurück, das Bußgebet Davids,

[1] DCCS, 182. K, US, 270. [2] DCCS, 38. K, US, 58.
[3] DCCS, 36. K, US, 55.

nachdem er sich an Batseba vergangen hat. Der Priester intoniert »asperges me«, die Schola singt, und die Gemeinde wiederholt das Lied, während alle vom Priester mit Weihwasser besprengt werden. Ein Schelm, wer an Spargel dabei denkt.

Die schelmische Idee, den Spargel mit der Nächstenliebe in Gestalt des Küchenmädchens zu verbinden, und die teuflische, aus dem Spargelduft das Anschwellen ihrer Atemwege folgen zu lassen, scheint Proust aus der Erinnerung an die Sonntagsmessen seiner Kindheit aufgestiegen zu sein. Der Hintersinn, der im Weihwasserlied lauert, kann dem kleinen Sünder so wenig verborgen geblieben sein wie dem Asthmatiker die Wirkungen des Ysop. *Hyssopus officinalis L.* aus der Familie der Lippenblütler ist eine im zweiten Jahr verholzende Staude, *à tige souterraine produisant des bourgeons qui perpétuent ou multiplient la plante,* wie Bonnier vermerkt, der auch die Verwendung der Zweige »als Sprengwedel bei den großen Zeremonien der katholischen Kirche« erwähnt.[1] Wild wächst der Zwergstrauch auf Gesteins- und Geröllfluren in sonnigen Lagen. Das Mittelalter würzte Suppen und Farcen mit dem leicht bitter schmeckenden Kraut, dessen ätherische Öle einen angenehmen Duft verströmen. In französischen Küchengärten ist es selten geworden, aber als kleiner Heckenstrauch gestutzt, dient es noch immer als Rabatteneinfassung oder mit seinen schönen Blütenähren als Steingartenschmuck. Die Blüten irisieren von Azur bis Violett, wenn sie sich nicht rosa oder weiß herausmendeln. In seiner Kleinheit sprichwörtlich der großen Zeder entgegengesetzt, taucht es aus Mauern wachsend im ersten Buch der Könige im Ruhm der Weisheit Salomos

[1] *Flore de France,* Bd. VIII, S. 111: »mit knospenbildendem Rhizom, aus dem sich die Pflanze fortpflanzt oder vermehrt«.

auf. Sonst kommt es in der Bibel stets in Verbindung mit Blut bei Reinigungsritualen vor, sei es, daß ein Ysopzweig bei der Entsühnung und Heilung eines Aussätzigen mit Vogelblut als Sprengwedel dient oder beim Bestreichen der Türpfosten eines Gebäudes mit dem Blut des Paschalammes als Pinsel, was Gottes Würgeengel fernhalten soll.

Da Ysop aus Mauern wächst, verglichen es die Kirchenväter mit Christus, der in das harte Gestein des menschlichen Herzens seinen Samen senkt. In seiner Kleinheit ist Ysop Sinnbild der Demut: »Ich bin nur ein Zweig Ysop in der Hand des Herrn«, dichtet Verlaine. Die Symbolik der Reinigungsrituale wurzelt in der großen Heilkraft des kleinen Krauts. Ruskin setzte die Kenntnis beider Symbolaspekte bei seinen Lesern voraus, als er in *Time and Tide* ein Kapitel, das von Rangunterschieden, vom verlorenen Sohn und von der Reinheit des Herzens handelt, »Hyssop« nannte, ohne das Kraut darin zu erwähnen. Seit jeher war *Herba Hyssopi,* aus der heute nur noch ein Arzneimittel gegen Schweißausbrüche gewonnen wird, eine geschätzte Heilpflanze bei Asthma und Bronchitis. Im *Précis de Phytothérapie* von 1927 wird sie noch als solche empfohlen.[1]

Im *Liber floridus* des Lambertus von St. Omer aus dem 12. Jahrhundert wird die Tugend der Caritas mit Ysop umrahmt, während Proust die Caritas von Combray mit den fleischigen »Ähren« des violetten Spargels umgibt. Die Nächstenliebe sah er als die schönste der Tugenden an, und was gab es Schöneres als die irisierenden Schöß-

[1] Henri Leclerc, *Précis de Phytothérapie,* 2. édition revue et augmentée, Paris 1927, S. 218 ff. 1928 wurde das Penicillin entdeckt, das aus dem Schimmel gewonnen wurde, der auf Ysopblättern wächst. Die Leprakranken, die man im Mittelalter in Ysopwasser badete, verdankten die Linderung ihrer Leiden also der antibiotischen Wirkung des Schimmels.

linge der Erde?[1] Jede Figur seines Romans entspreche einer Neigung in ihm selbst, erklärte er dem Historiker Bernard Faÿ, einem Bedürfnis, das er entäußern müsse. Spargellust und Spargelleid seiner Liebe zum eigenen Geschlecht trägt das Küchenmädchen aus. Die trächtige Magd mit den männlichen Zügen, die nach Ansicht von Françoise sich nur nehmen konnte, wer im Liebesrausch einen Hundearsch für eine Rose hält, muß ein lockiger Ephebe geschwängert haben, wenn das, was in ihr anschwoll, nicht ungeschlechtlich entstanden ist, wie die *Recherche* aus Marcels »Kralle« und die Schößlinge des Asparagus aus dem Rhizom, in dem das Wesen der Pflanze gespeichert bleibt, wenn sie im Licht vergeht.

[1] Manfred Lurker, *Wörterbuch biblischer Bilder und Symbole,* München 1987, S. 427. Zur Lieblingstugend von Proust vgl. Celeste Albaret, *Monsieur Proust,* Paris 1973, S. 199.

# VI
# Eine gelehrte Mörderin

Die dunkle Seite seiner Gabe hat Proust in der Meisterköchin Françoise dargestellt, die den Spargel gegen Caritas als Waffe einsetzt. In *Jean Santeuil* heißt die fabelhafte Köchin wie die wirkliche in Illiers Ernestine. Als Leiterin der dienstbaren Geister der Familie hütet auch sie eifersüchtig ihr Privileg des unmittelbaren Kontakts mit der Herrschaft und treibt ein Küchenmädchen nach dem anderen aus dem Haus. Es sind immer die gleichen Schikanen, mit denen sie ihnen das Dasein verleidet. Jede neue Magd wird mit Schimpf und Hohn zur Schnecke gemacht, bekommt Pfeffer ins Getränk, Unrat ins Mittagessen geschüttet, und wenn eine mal frische Milch für Jean holen darf, tauscht Ernestine diese gegen saure aus, um das dumme Ding vor der Hausherrin ordentlich schelten zu können.

Von solch primitiven Methoden ist Françoise Lichtjahre entfernt. Ihre List, in Kenntnis der schwächsten Stelle im Körper ihres Opfers, Caritas mit dem ewigen Spargel aus ihrem Revier zu scheuchen, nennt der Erzähler erbarmungslos und *savante,* was »gelehrt«, »kunstvoll«, »geschickt« bedeutet, und vergleicht ihr Vorgehen mit dem eines Hautflüglers, der von Jean-Henri Fabre beobachteten Grabwespe *Cerceris tuberculata.* In den *Studien über den*

*Instinkt und die Sitten der Insekten,* wie die *Souvenirs entomologiques* im Untertitel heißen, kommen viele verschiedene Arten unterschiedlicher Gattungen von Grabwespen vor, aber keine hat Fabre so viel Geduld abverlangt wie die »knollige« Art aus der Gattung der Knotenwespen. Zwei Kapitel sind ihr gewidmet: »Le Cerceris tuberculé« und »Un savant tueur«.[1] Was hat es mit dem »gelehrten Mörder« auf sich, den Proust zur Erläuterung der Spargellist von Françoise herbeizitiert?

Grabwespen bilden keine Staaten wie ihre engsten Verwandten, die Bienen. Im Larvenstadium sind sie carnivor, während die Imagines zum Nektarnaschen von Blüte zu Blüte fliegen. Die ans Wunderbare grenzende Brutfürsorge vollbringt das Weibchen allein. Die Insekten, die sie für ihren Nachwuchs fängt und zur Bruthöhle schleppt, sind oft größer und meist schwerer als die Jägerin. Alle Grabwespen stechen mit ihrem Giftstachel in einen oder mehrere Ganglienknoten des Nervensystems ihrer Beute, das bei den Insekten auf der Bauchseite liegt. Vom Gift gelähmt, kann das Opfer sich weder wehren noch fliehen, aber ein »verborgenes passives, pflanzenhaftes Leben« bleibt ihm erhalten.[2] Der winterschlafartige Stoffwechsel der paralysierten Beute sorgt dafür, daß sie in der unterirdischen Nestkammer, die die Grabwespe mit den Krallenkämmen ihrer Füße ausgehoben hat, in den Tagen oder sogar Wochen bis zum Ausschlüpfen der Larven aus den neben sie gelegten Eiern, so frisch und glänzend bleibt, wie sie gefangen wurde. Ist die scheintote Beute eingetragen, die Eiablage vollbracht, verschließt die Grabwespe den Eingang der Bruthöhle und verwischt sorgfältig alle Spu-

[1] J.-H. Fabre, *Souvenirs entomologiques. Études sur l'instinct et les mœurs des insectes,* Paris 1879, édition définitive illustrée, Paris 1921-1925, Bd. 1.

[2] Ebd., S. 70.

*Nest der Cerceris tuberculata,*
Photo von J.-H. Fabre.
Aus: *Souvenirs entomologiques,* Bd. 1, S. 73.

ren, damit niemand ihre Nachkommen rauben kann, die sie selbst nie zu Gesicht bekommen wird, denn mit den Anstrengungen des Nestbaus, der Jagd, des Beutetransports und des Eierlegens sind ihre Lebensreserven erschöpft.

Nur wenige Grabwespen sind auf eine einzige Beutetierart spezialisiert wie *Cerceris tuberculata* auf den Rüsselkäfer *Cleonus ophtalmicus.* Die Frage, welche Eigenschaft in einer von Rüsselkäfern wimmelnden Welt die Art *ophtalmicus* zur einzigen Beute der knolligen Knotenwespe macht, konnte Fabre nur beantworten, weil es ihm gelang zu beobachten, was niemand vor ihm je zu sehen bekommen hatte: die »Ermordung« des Rüsselkäfers durch die Knotenwespe, die sich dabei als so kundig erwies, »wie es allein die kenntnisreichste Physiologie und die feinste Anatomie lehren könnten«:

»Von Angesicht zu Angesicht stellt sich der Hautflügler vor sein Opfer, nimmt dessen Rüssel zwischen seine mächtigen Kieferzangen und hält ihn kraftvoll fest; und während sich der Rüsselkäfer abstrampelt, strengt jener sich an, mit seinen Vorderbeinen auf dessen Rücken zu drücken, wie um ein Gelenk am Bauch auseinanderklaffen zu lassen. Man sieht dann den Hinterleib des Mörders unter den Bauch des Cleonus gleiten, sich krümmen und seinen Dolch zwei- oder dreimal lebhaft in das Gelenk der Vorderbrust eindringen. Im Nu ist alles vollzogen. Ohne die geringste krampfhafte Bewegung (…) stürzt das Opfer, wie vom Blitz getroffen, für immer in Reglosigkeit.«[1]

Es ist das zentralisierte Gangliensystem des Cleonus, das der Cerceris entgegenkommt. Ihr dünner Stachel dringt im Gelenk des harten Käferpanzers genau an den Brennpunkten ein, an denen die Nervenknoten, die für die Bewegung der Beine und Flügel zuständig sind, dicht beieinanderliegen.

Der Instinkt der Köchin, die einzig »die künftige Größe« des Hauses für ihre Nachkommen im Sinn hat, entspricht dem des Dichters, der sein großes Werk für die Nachwelt sichern will. Schon im Essay über Gustave Moreau hat Proust den Instinkt des »Malers oder Dichters« mit dem der Insekten verglichen, der »durch die geheime Vorahnung von der Größe ihrer Aufgabe und der Kürze ihres Lebens verstärkt wird. Und dann vernachlässigen sie alle anderen Aufgaben, um die Stätte zu schaffen, wo ihre

[1] Ebd., S. 77.

Nachkommenschaft leben wird, und um diese Nachkommenschaft darin abzulegen, bereit, danach zu sterben.«[1]

Mit kunstvoller Grabwespengrausamkeit hat Proust seine Mitmenschen für die Nachwelt aufgespießt. Die schöne Laure Hayman, Geliebte seines Großonkels und vielleicht sogar seines Vaters, die er als junger Mann hofiert hatte, nannte ihn *un monstre,* nachdem sie sich als Odette aufgespießt fand. Wer immer sich in der *Recherche* wiedererkannte, fühlte sich wie der Rüsselkäfer von der Grabwespe an seinen empfindlichsten Punkten getroffen. Jede Figur spiegelte mehrere Menschen, entsprechend groß war die Schar der Empörten. Robert Comte de Montesquiou war zu stolz, dem »lieben Marcel« seine Erschütterung über Charlus zu gestehen. Er wäre auch ohne Kenntnis des ersten Teils von *Sodom und Gomorrha* im Erscheinungsjahr dieses Bandes gestorben, aber zweifellos ist ihm die Lektüre an die Nieren gegangen. Der als Baron de Charlus in der *Recherche* vertraulich *Mémé* Genannte starb wie die Großmutter von Proust an Nierenversagen.[2]

[1] DCCS, 122 und CSB, 672 (»Notes sur le monde mystérieux de Gustave Moreau«). K, US, 182 und K, E, 517.

[2] *Mémé* ist die kindliche oder vertrauliche Bezeichnung der Großmutter wie »Oma« bei uns. Im Falle von Charlus stellt *Mémé* die Koseform seines Vornamens Palamède dar. Palamède XV hat Proust seinen Helden genannt. Der erste dieses Namens war der Sohn des euböischen Königs Nauplios, der ruhmreiche Palamedes, Erfinder der Leuchttürme, des Maßes, der Waage, des Brettspiels, der Würfel, der Wurfscheibe, der Buchstaben Theta, Xi, Phi, Chi oder durch Beobachtung des Fluges der Kraniche des Ypsilon und Delta. Palamedes entlarvte den fingierten Wahnsinn des Odysseus, der sich dem Zug nach Troja entziehen wollte. Odysseus rächte sich in Troja, indem er eine List ersann, durch die Palamedes als Landesverräter erschien, was zur Steinigung des Unschuldigen führte. Mit dem Griechenfürsten hat Charlus weniger gemein als mit *Palamedea cornuta L.* aus der Familie der Wehrvögel (heute nach ihrem indianischen Namen *Anhima c.* genannt). Die hochbeinigen, hühnerschnäbeligen, mit einem spitzen Sporenpaar an jedem Flügel bewaffneten Vögel leben an den Pampa-

Der Tod bewahrte ihn davor, sich in späteren Bänden noch grausamer gespiegelt zu sehen.

Weder der Gedanke an das Gute oder das Böse, schreibt Proust an Binet-Valmer zu *Sodom und Gomorrha,* dürfe bei der Anordnung gültiger Versuche eines Gelehr-

*Palamedea cornuta L.*
Aus: *Dictionnaire universel d'Histoire naturelle*,
dirigé par Charles d'Orbigny, Paris 1849, Atlas 1.

sümpfen Brasiliens. Auf der Stirn von *Palamedea* erhebt sich ein langes, dünnes, in sanftem Bogen vorwärts gekrümmtes Horn, das wie eine Darmsaite aussieht und während der Balz eine von den Ornithologen noch nicht durchschaute Rolle spielt. Das gravitätische Schreiten und die schrecklich lauten, schrillen Schreie, die *Palamedea* von Zeit zu Zeit ausstößt, lassen sie als die Vogelgestalt erscheinen, die der Baron in *Sodom und Gomorrha* annimmt, als er bei der Balz mit Jupien vor seiner Verwandlung in eine Hummel als Vogelmännchen auftritt.

ten eine Rolle spielen, noch der, Herrn Binet-Valmer etc. zu erfreuen. Sonst seien seine Versuche nichts wert. Die sicherste Weise, wie es sodann dem Guten diene, sei, daß er ans Gute nicht gedacht hätte. Vom Gelehrten in ein Kerbtier verwandelt, beendet er seine Erklärung mit einem abgebrochenen Satz: »Ich arbeite wie ein Insekt, dessen Instinkt (die Müdigkeit hindert mich fortzufahren)«.[1]

Sieben Wochen vor seinem Tode vergleicht er sich in einem Brief an seinen Verleger Gaston Gallimard mit der Grabwespe: »Andere als ich, und ich freue mich darüber, genießen die Welt. Mir selbst ist Bewegung, Rede, Denken, sogar das schlichte Wohlbefinden der Schmerzlosigkeit versagt. So gleichsam aus mir selber verbannt, flüchte ich mich in die Bände, die ich betaste, da ich sie nicht mehr zu lesen vermag, und lasse ihnen die Vorsorge der Grabwespe angedeihen, über die Fabre die von Metschnikoff zitierten wundervollen Seiten geschrieben hat, die Sie sicherlich kennen. Verkrumpelt wie sie und von allem beraubt, beschäftige ich mich nur noch damit, ihnen durch die Welt der Geister die Entfaltung zu sichern, die mir versagt ist.«[2]

[1] *Lettres,* S. 1015.

[2] *Corr.,* Bd. XXI, S. 494. In den *Etudes sur la nature humaine* (Paris 1903) zitiert der Mikrobiologe und spätere Nobelpreisträger Elie Metschnikoff nur einen Satz von Fabre über *Cerceris tuberculata.* Proust muß also die »wundervollen Seiten« in den *Souvenirs entomologiques* gelesen haben. In der deutschen Übersetzung von Metschnikoffs Buch ist die Grabwespe zur Schlupfwespe mutiert. Auch in der *Suche nach der verlorenen Zeit* hat das Schmarotzerwesen Schlupfwespe die fürsorgliche Grabwespe verdrängt. Die Verwechslung mutet um so merkwürdiger an, als *guêpe fouisseuse* wörtlich »wühlende Wespe« heißt und jedem Wörterbuch zu entnehmen ist, daß sich die Schlupfwespe *mouche vibrante* oder *ichneumon* nennt. Das Quiproquo von Grab- und Schlupfwespe ist jedoch eine uralte Geschichte. Grabwespen gehören zur Familie der *Sphegidæ,* Schlupfwespen zur Familie der *Ichneumonidæ.* Vom Namen der letzteren schreibt Brehm, er führe »auf eine uralte Sage aus der Zeit des alten Ägyptens zurück, derzufolge der

Hätte er einer Behandlung zugestimmt, wäre er von den Pneumokokken, an denen er am 18. November 1922 starb, noch zu heilen gewesen, aber seine Lebensreserven waren erschöpft. Die Erinnerung von François Mauriac an den vom Tode Gezeichneten ergänzt das Bild der Grabwespe mit einer Metapher aus dem Reich der kryptogamen Pflanzen:

»Er kam mir eher klein vor, in einen sehr eng anliegenden Rock gezwängt; das dichte schwarze Haar beschattete die anscheinend durch die Medikamente geweiteten Pupillen. In einen sehr hohen Kragen versunken, den Hemdeinsatz vorgewölbt wie durch eine Hühnerbrust, heftete er einen Nachtvogelblick auf mich, dessen Starrheit mich einschüchterte. Ich sehe noch das düstere Zimmer in der Rue Hamelin vor mir, die schwarze Feuerstätte des Kamins, das Bett, auf dem der Überziehrock als Decke diente, die wächserne Maske, hinter der unser Gastgeber uns beim Essen zuzusehen schien und an der einzig die Haare lebendig wirkten. Er selbst hatte an der Nahrung dieser Welt nicht mehr teil. Die finstere Feindin, von der Baudelaire spricht, die Zeit, ›die das Leben verzehrt‹ und ›aus dem Blut, das wir verlieren, wächst und Kraft gewinnt‹, verdichtete und materialisierte sich zu Häupten von Proust, der schon mehr als zur Hälfte vom Nichtsein eingenommen war und der zu dem gewaltigen sprossen-

Ichneumon, ein marderartiges Raubtier, schlafende Krokodile überfallen und in ihren Leib kriechen soll, um die Eingeweide zu fressen. Etwas ähnliches gilt immerhin auch für die Ichneumonwespen, wenigstens insoweit als sie im Larvenzustande im Leibe anderer Insekten hausen und deren Körperinneres verzehren. Ob aber der Name wirklich so entstanden ist, muß als zweifelhaft gelten, denn Aristoteles, der schon gewisse Insekten Ichneumon nannte, hat unter diesem Namen wahrscheinlich gar nicht unsere Schlupfwespen, sondern wohl Grabwespen verstanden.« (*Tierleben,* Bd. II, S. 536) Die Schlupf- oder Schmarotzerwespen hat Fabre nicht erforscht.

*Marcel Proust auf dem Totenbett,*
Kaltnadelradierung von Paul Helleu, 1922.
Bibliotheca Proustiana Reiner Speck.

den Blätterpilz wurde, der sich von seiner eigenen Substanz ernährt, seinem Werk: *Le Temps retrouvé.*«[1]

Im Juni 1921 schreibt Proust an Mauriac, er möge Francis Jammes bitten, »mich seinem Lieblingsheiligen zu empfehlen, damit er mir einen sanften Tod schenke, auch wenn ich mich mutig genug fühle, einem sehr grausamen die Stirn zu bieten.«[2] Ein Jahr später schreibt er an Jammes selbst, er möge den heiligen Joseph in seinen Gebeten bitten, »mir einen sanfteren Tod zu schenken, als es mein Leben gewesen sein wird.«[3] Das Gegenteil wünscht

[1] François Mauriac, *Œuvres autobiographiques,* Paris 1990, S. 283, 276.
[2] *Corr.,* Bd. XX, S. 366 f.
[3] *Corr.,* Bd. XXI, S. 199 (Brief vom Mai 1922).

sich Marcel in der *Wiedergefundenen Zeit* im Gedanken an seine tote Großmutter, deren Agonie er so gleichgültig mit angesehen hatte: »Oh daß ich doch zur Sühne nach Abschluß meines Werkes, unheilbar verwundet, von allen verlassen, lange Stunden vor meinem Ende würde leiden können! Im übrigen empfand ich unendliches Mitleid selbst mit weniger teuren Wesen, ja sogar mit Gleichgültigen, und mit so vielen Schicksalen, aus denen sich mein Denken, in dem Bemühen, sie zu verstehen, das Leiden oder sogar nur die Lächerlichkeiten zunutze gemacht hatte. Es kam mir vor, als hätten all diese Wesen, die mir Wahrheiten offenbart hatten und nicht mehr existierten, einzig zu meinem Nutzen gelebt, und als seien sie für mich gestorben.«[1]

Ein kleines Sinnbild seines qualvollen Dichterdaseins und der Verheißung, die ihm gegeben war, hat Proust in *Jean Santeuil* hinterlassen. Ein winziges Wesen hob die Wehmut auf, mit der Jean an die schönen Tage von Illiers dachte, als er im Sommer in Paris bleiben mußte: »eine bescheidene Raupe in einem mit grüner Seide bestickten braunen Samtkleid, die ihm ganz unten an einer warm und hell besonnten Mauer, deren langwierige Besteigung sie gerade unternahm, wie ein Vorzeichen erschien. Und die Augen auf dieses Zeichen geheftet, das nachzuahmen nicht in des Menschen Macht steht, das Herz durch diese zuverlässige Verkündigung der Gegenwart des Gottes Sommer von Freude erfüllt, und ohne eine frevelnde Hand gegen sie zu erheben, schaute er lange, von Mitleid bewegt, auf diese Favoritin des Gottes, die wohl vielmehr dessen Kind war, das er vielleicht am gleichen Morgen gezeugt hatte und das sofort mit der Arbeit begann, die

[1] TR, 481. K, WZ, 311.

in Gestalt eines leichten Silberfadens von ihrem kurzen Erdendasein Kunde gab, still und stets ihrem Ziel zugewandt, was auch geschehen möge, Schläge empfangend, ohne sich mit ihrer Vergeltung aufzuhalten, immer ihren Weg verfolgend wie jemand, den eines Tages die Fülle der Glorie belohnen wird und dem der unendliche Raum des Himmels verheißen ist.«[1]

Wie im Konvexspiegel eines Gemäldes früher Flamen, der Zeiträume reflektiert, die außerhalb des Bildraums liegen, scheint im Raupengleichnis des Romanfragments auf, was Proust erst Jahrzehnte später ausgesponnen hat: der unendlich dehnbare Silberfaden, der à rebours des Bösen als gutes Garn der Erzählung zur *Wiedergefundenen Zeit* führt.[2]

In »Combray« sind es die Staubfäden der *aubépines,* die auf den Endzweck des Schriftstellers verweisen. Den Erzähler erinnern sie an die Silberfäden jener Jungspinnen, die sich, wie es auch ihm aufgegeben war, von allem lösen, um ihrem Faden folgend ein ureigenes Reich zu finden, das für den Flug ihrer Nachkommen die besten Voraussetzungen bieten wird. Der Strauß aus weichen Filamenten in den winzigen Blüten ruft in ihm die Erinnerung an die harten Rippen der großen Lettnerbalustrade im spätgotischen Stil wach. In Ruskins *Sieben Leuchter der Baukunst* finden wir die umgekehrte Assoziation. Im Kapitel »Leuchter der Wahrheit« vergleicht er das »überfeine Maßwerk« im Flamboyantstil mit den

[1] JS, 294. K, JS, 176. Der Seidenfaden der Raupe zeigt die Verpuppungsbereitschaft an. Wenn der Schmetterling nach dem Ende der Puppenruhe, während der sich die Raupe aufgelöst und in ein ganz anderes, geflügeltes Wesen verwandelt hat, aus der Chrysalide schlüpft und, sobald die Flügel trocken sind, zum Himmel aufsteigt, hat sich die Verheißung erfüllt.

[2] Zum Konvexspiegel der frühen Flamen vgl. Albus 1997, S. 51.

wogenden »Fäden eines vom Luftzug gehobenen Spinngewebes«.[1]

Weder das flammende Fadenmaßwerk noch der Lettner als solcher kam dem Erzähler von ungefähr in den Sinn. Die monumentale Trennwand zwischen Chor und Schiff der Kirche kam im 12. Jahrhundert auf. Sie bestand aus einem Portikus, dessen Arkaden eine Galerie trugen, von der herab die Epistel und das Evangelium verlesen wurden. Die Empore diente auch der Aussetzung des Allerheiligsten und der Reliquien, den Mysterienspielen, den Verkündigungen weltlicher und kirchlicher Verordnungen und als Sängerbühne. Schon in der Spätgotik wurde die Scheidewand, die den Bereich des Klerus von dem der Gläubigen trennt, als störend empfunden und so durchsichtig gemacht wie in Saint-Étienne-du-Mont. Die Flamboyantgestalt bewahrte sie vielleicht vor der Zerstörung, denn im 18. Jahrhundert ließ der Klerus fast alle Lettner mitsamt ihrem großartigen Skulpturenschmuck aus Kirchen und Kathedralen herausreißen, um sie durch Eisengitter zu ersetzen. Ein »auf ewig zu bedauernder Verlust«, klagt der Autor des Artikels »Jubé« in der *Grande Encyclopédie* von 1895.

*Le jubé* heißt der Lettner nach der lateinischen Formel *Jube, Domine, benedicere,* die der Zelebrant vor der Lesung des Evangeliums betet. Wörtlich und im ersten Sinn von *benedicere* bedeutet es »Befiehl, Herr, zu lobpreisen«. Die zweite Bedeutung von *benedicere* ist »segnen«. In den lateinischen Meßbüchern mit Übersetzung in die Landessprache ist das »Befiehl« aufgehoben und der Beginn des Gebets als Bitte um den Segen interpretiert: »Herr, gib

[1] *Works,* Bd. 8, S. 92.

mir Deinen Segen«. In der französischen Benennung des Lettners ist der wörtliche Sinn bewahrt, wie verschiedene Redewendungen zeigen: *Venir à jubé* heißt »sich unterwerfen«, *mettre à jubé* oder *amener quelqu'un à jubé* »jemanden zwingen, sich zu unterwerfen«.[1]

Bis zum Tag der *Wiedergefundenen Zeit,* dem Tag, an dem mit einer Reihe von Epiphanien die Verwirklichung seines Werkes einsetzt, hätte Marcel sein ganzes Leben, wie er im Rückblick erkennt, unter dem Titel »Eine Berufung« zusammenfassen können.[2] In der tiefsten seiner mannigfaltigen Seelen war gespeichert, was ihm begegnet war und was er im Unmittelbaren nicht zu deuten vermocht hatte, wie etwa die Sinnfäden der *aubépines,* die sich erzählend zum jubé verknüpften.

»Alle große Kunst ist Lobpreisung«,[3] die *Recherche* das Lobpreis der aufgehobenen Zeit. Es war das in Marcel schlummernde Werk, das die *Unterwerfung* erzwang. Im

[1] *Grand Larousse de la langue française,* Bd. 4, Paris 1975, S. 2887.

[2] TR, 478. K, WZ, 307.

[3] »All great art is praise« hat Ruskin das erste Kapitel von *The laws of Fésole* genannt. (*Works,* Bd. 15, S. 351 ff.) § 6 dieses Kapitels erklärt, was der Titel meint: »Fix, then, this in your mind as the guiding principle of all right practical labour, and source of all healthful life energy, – that your art is to be the praise of something that you love. It may be only the praise of a shell or a stone; it may be the praise of a hero; it may be the praise of God: – Your rank as a living creature is determined by the height and breadth of your love; but, be you small or great, what healthy art is possible to you must be the expression of your true delight in a real thing, better than the art. You may think, that a birds nest by William Hunt is better than a real bird's nest. We indeed pay a large sum for the one, and scarcely care to look for, or save, the other. But it would be better for us that all the pictures in the world perished, than that the birds should cease to build nests.

And it is precisely in its expression of this inferiority, that the drawing itself becomes valuable. It is because a photograph cannot condemn itself, that it is worthless. The glory of a great picture is in its shame; and the charm of it, in expressing the pleasure of a loving heart, that there is something better than picture. Also it speaks with the voices of many: the efforts

Ruskin-Essay zeigt Proust die Gedankentiefe der ruskinschen Anschauung, daß die Freiheit für den Künstler unheilvoll ist, der Gehorsam und die Ehrfurcht unabdingbar.[1] Aus einer Antwort in einem Fragebogen von 1904 geht hervor, wie entschieden Proust diese Überzeugung vertrat: »Ich glaube, daß wir tatsächlich zugrundegehen, aber nicht mangels Freiheit, sondern mangels Disziplin. Ich glaube nicht, daß die Freiheit für den Künstler sehr nützlich wäre, und ich glaube, daß vor allem für den heutigen Künstler die Disziplin wie für den Nervenkranken ganz und gar heilsam wäre. Und Disziplin ist in sich selbst fruchtbar, welchen Wert das von ihr vorgeschriebene auch haben mag (...) Was die ›Tyrannei‹ angeht, die das ›römische‹ Ideal auf uns ausübt, denken Sie nicht, daß wir, indem wir uns zwingen, anderen zu gehorchen, nach und nach unser selbst bewußt werden? Nie war eine Macht so tyrannisch wie die der byzantinischen Hieratik über die romanischen Künstler. Und doch, was gibt es Köstlicheres als ihre Skulpturen? Die freieren Werke, die darauf folgten, beugten sich immer noch unter dieses Joch mit einer Unterwerfung, die ich meinerseits unvergleichlich bezaubernd finde.«[2]

Marcel ist nicht Marcel, der Erzähler nicht der Erzähler, aber am Ende der *Suche nach der verlorenen Zeit* gehen Marcel und Marcel, Erzähler und Erzähler ineinander auf. Die Arbeit, die sich der Held des Romans als zu-

of thousands dead, and their passions, are in the pictures of their children to-day. Not with the skill of an hour, nor of a life, nor of a century, but with the help of numberless souls, a beautiful thing must be done. And the obedience, and the understanding, and the pure natural passion, and the perseverance, *in secula seculorum,* as they must be given to produce a picture, so they must be recognized, that we may perceive one.«

[1] CSB, 103. K, NV, 141.

[2] CSB, 496, 498 (»Les beaux-arts et l'état«). K, E, 264, 266.

künftige ausmalt, ist mit der vorausgegangenen des Autors identisch: »Um davon eine Vorstellung zu geben, müßte man aus den höchsten und verschiedenartigsten Künsten Vergleiche entleihen; denn der Schriftsteller, der obendrein bei jedem Charakter die entgegengesetzten Seiten hervortreten lassen würde, um dessen Reichweite zu zeigen, müßte sein Buch sorgfältig unter fortwährender Umgruppierung der Kräfte wie eine Offensive vorbereiten, es ertragen wie eine Strapaze, es annehmen wie eine Ordensregel, es erbauen wie eine Kirche, ihm folgen wie einer Diät, es überwinden wie ein Hindernis, es erobern wie eine Freundschaft, es überfüttern wie ein Kind,[1] es erschaffen wie eine Welt, ohne jene Geheimnisse außer acht zu lassen, die ihre Erklärungen wahrscheinlich nur in anderen Welten finden und welche zu erahnen das ist, was uns im Leben und in der Kunst am meisten bewegt.«[2]

Viel Zeit würde es brauchen, ein solches Werk zu vollenden, sinniert der Erzähler, viele *Nächte,* denn die wahren Bücher »sind nicht die Kinder des hellichten Tages und der Plauderei, sondern der Dunkelheit und des Schweigens«.[3] Hundert, vielleicht tausend Nächte veranschlagt er für seine Memoiren und Märchen. In *Tausendundeiner Nacht* entscheidet sich das Schicksal der Erzählerin in der letzten Nacht, in der *Recherche* ist die *nuit cruciale*[4] die erste, die Nacht mit der Mutter.

[1] In einer die *Recherche* vorbereitenden Skizze schreibt Proust 1908: »Die Arbeit macht uns ein wenig zu Müttern. Wenn ich mich manchmal meinem Ende nahe fühlte und das Kind in meinen Flanken spürte, ohne zu wissen, ob ich die Kräfte noch aufbringen würde, derer es bedürfte, es zur Welt zu bringen, sagte ich ihm mit einem traurigen leisen Lächeln: ›Werde ich dich jemals sehen?‹« TR, 1310. Die Niederkunft des Küchenmädchens und der Vergleich mit der Grabwespe, die ihre Kinder niemals sieht, sind hier im Keim enthalten.

[2] TR, 609 f. K, WZ, 504 f. [3] TR, 476. K, WZ, 304.

[4] *cruciale,* »kreuzförmig«, fig. »entscheidend«.

Das kleine Glöckchen an der Gartenpforte, das Marcel in jener Nacht, die »vielleicht die süßeste und traurigste« seines Lebens war, kundgetan hatte, »daß Monsieur Swann endlich gegangen war und Mama heraufkommen würde«, hatte die Zeit eingeläutet, von der an durch die von seinen Eltern erreichte Abdankung der Niedergang seiner »Gesundheit und Willenskraft« datierte, sein »jeden Tag schwerer wiegender Verzicht auf eine mühevolle Aufgabe«.[1] Als sich ihm »an dem schönsten Tag« bei der Matinee Guermantes der Zweck seines Lebens »und vielleicht der Kunst überhaupt« enthüllt, läutet das Glöckchen in ihm die Zeit der Entzifferung seines inneren Buches ein. Das »unerschöpfliche«[2] Glöckchen der Gartenpforte von Combray ist offenbar ein Wandlungsglöckchen, das so eindringlich bimmelt wie jenes beim Fête-Dieu, wenn das Allerheiligste in der Monstranz zur Prozession aus der Kirche in die blumengeschmückte Welt hinausgetragen wird. »Die Erinnerung an die Fronleichnamsprozessionen bewahre ich als die wunderbarste meiner Kindheit«, schreibt Proust im Januar 1905 seinem einstigen Schulkameraden Paul Grunebaum-Ballin. »Da mich der Heuschnupfen hindert, zu dieser Zeit auf's Land zu fahren, und da sie in Paris verboten sind, kann ich sie nur noch in Gedanken sehen.« Auch den Klang der Glocken fürchtet er infolge der antiklerikalen Gesetze »bald nur noch in dieser inneren Atmosphäre zu hören, wo die Klänge noch vibrieren, die es nicht mehr gibt, die uns aber einst bewegt haben«.[3]

[1] TR, 465. K, WZ, 288.

[2] TR, 623. K, WZ, 525.

[3] *Lettres,* S. 301. Das Hochfest *Corpus Domini,* Fronleichnam, wurde im 13. Jahrhundert zur Darstellung der Realpräsenz Christi im Sakrament der Eucharistie eingeführt. Vgl. Dietz-Rüdiger Moser, »Fastnacht und Fron-

Heiliges und Allerheiligstes scheinen in der *Recherche* im Profanen auf, die Gregorianik in den Rufen der Marktschreier und Lumpensammler, der Ruhealtar im Weißdornstrauch, das Ziborium im Brathühnchen, weil es den Hostienbehälter im Mittelalter in Gestalt einer goldenen Taube gab und die Monstranz in Roussainville im »gelobten oder verfluchten Land«, wenn es »wie ein biblischer Ort« entweder gezüchtigt worden war, »mit allen Gewitterlanzen, die schräg auf die Behausungen der Bewohner einpeitschten, oder bereits Vergebung erlangt hatte von Gottvater, der zu ihm die ungleichmäßig langen, wie die Strahlen einer Altarmonstranz ausgefransten goldenen Stiele seiner wieder erschienenen Sonne herabkommen ließ«.[1]

Den geheimen Sinn des Namens Roussainville hat Proust in der scheinbar abwegigen Erklärung des Pfarrers von Combray verborgen, den er uns als schwankenden Reiter des etymologischen Steckenpferdes schildert. Den Namen des Dorfes Champieu etwa, das lautlich »Frommfeld« heißt und wörtlich »Pfahlfeld«, führt der fromme Mann auf *Campus Pagani,* »Heidenfeld«, zurück. Das Dorf liegt in der Gegend von Méséglise-la-Vineuse, wörtlich »Mißkirch-die-Weinreiche«, auf der anderen Seite des Weizenfeldes mit der Kirche Saint-André-des-Champs, in jener windigen Ebene, in der Marcel – zwischen Heidenfeld und frommem Feld – im Gedanken an Gilberte den warmen Wind liebkoste.[2]

leichnam als Gegenfeste« in: *Feste und Feiern im Mittelalter,* hrsg. von Detlef Altenburg, Jörg Jarnut, Hans H. Steinhoff, Sigmaringen 1991.

[1] DCCS, 150. K, US, 222f. Zum taubenförmigen Ziborium vgl. J.-K. Huysmans, *Die Kathedrale,* übers. von Hedda Eulenburg, hrsg. von Susanne und Michael Farin, München 1990, S. 110. Im Vorwort zur BA verweist Proust auf *La Cathédrale.*

[2] DCCS, 144. K, US, 214.

»Roussainville«, erklärte Monsieur le Curé der Tante Léonie, »das ist heute nur noch ein Kirchsprengel von Pächtern, obwohl die Ortschaft im Altertum durch den Handel mit Filzhüten und Pendülen einen gewaltigen Aufschwung nahm. (Über die Etymologie von Roussainville bin ich nicht ganz sicher. Ich möchte annehmen, daß der ursprüngliche Name Rouville war, *Radulfi villa,* wie Châteauroux, *Castrum Radulfi,* aber davon ein andermal.)«[1]

Wörtlich ist in Roussainville die *fille rousse,* die rotblonde Gilberte enthalten.[2] Allein, mit seinem ruinösen Herrenturm verweist der Ort auch auf Sodom. So absurd die Pendülen des Altertums sind, so korrekt ist die Ableitung des Namens Châteauroux, wörtlich »rotes Schloß«, von *Castrum Radulfi.* Der Ort verdankt seinen Ursprung einem im 10. Jahrhundert von Raoul le Large erbauten Schloß. Raoul, *Radulfi* stammt vom fränkischen Radolf, ein Name, der sich aus hruod, »Ruhm« und »Wolf«, herleitet. Roussainville ist die Stadt des ruhmreichen Wolfs, erfunden von einem, den seine Mutter mal »kleiner«, mal »großer Wolf« nannte und der Gilberte einen heiligen Wolf heiraten läßt, Saint-Loup, den berühmten Frauenheld, der in Wahrheit Männer begehrt.

Auch der Schürzenjäger Theodor, Lehrling des Krämers von Combray und Chorknabe der Kirche, ein Schlingel, aber als Jüngling so schön wie die Engel des Basreliefs von Saint-André-des-Champs, Theodor, der es im Donjon von Roussainville mit allen Bauernmädchen der Nachbarschaft trieb, geht in Sodom ein und aus, dem

[1] DCCS, 103. K, US, 153.

[2] Vgl. *Marcel Proust Enzyklopädie,* hrsg. von Luzius Keller, Hamburg 2009. In *Le Côté de Guermantes* kommt auch *Rousse* vor, das Argotwort für »Polizei«, das unserem »Polente« oder »Polypen« entspricht. CG, 566. K, C, 377.

Ort, dem im Kathedralenbau der *Recherche* die Krypta entspricht. Auf Theodors verborgene Neigung, die Charlus in *La Prisonnière* verrät, weist eine Szene in »Combray« voraus, in der Theodor und seine Schwester Marcel in die Krypta der Kirche hinabführten, »im Dunkeln tappend unter dem düsteren, wie die Membran einer riesigen Steinfledermaus mächtig gerippten Gewölbe«.[1] Das extravagante Flattertier mit Zähnen und Zitzen, das lautlos in der Dunkelheit fliegende Blutsauger und Nachtschwärmer fängt und tagsüber, in seine schwarzen Hautflügel eingewickelt, kopfunter aufgehängt schläft, war das Emblemtier des Grafen Robert de Montesquiou. *Les Chauves-souris* heißt sein erster Gedichtband, und sich selbst stellte er für ein Lichtbild als Fledermausfänger dar.

[1] DCCS, 61. K, US, 92. Das Jahr der Herbststreifzüge des fünfzehnjährigen Proust in der Umgebung von Illiers war das Jahr seiner begeisterten Lektüre der *Récits des temps mérovingiens* von Augustin Thierry. Eine Sage aus diesem Werk taucht in der Krypta auf. Das Grabmal, das Theodors Kerze in der »merowingischen Nacht« der Krypta beleuchtet, ist das der »kleinen Tochter Sigeberts«, auf dem eine »tiefe Muschelschale – wie die Spur eines Fossils – ausgehauen worden war«. Der Sage nach entstand diese Form »durch eine Kristallampe, die sich am Abend der Ermordung der fränkischen Prinzessin von selbst aus den goldenen Ketten gelöst hatte, an denen sie an der Stelle der heutigen Apsis gehangen hatte, und ohne daß das Kristall zerbrach und ohne daß die Flamme erlosch, hatte sie sich in den weich unter ihr nachgebenden Stein versenkt«. Proust hat aus der Schwägerin Sigeberts dessen Tochter gemacht und das Lampenwunder vorverlegt – nach der Sage fand es bei der Grablegung statt. Die barmherzige Galeswinthe ist auf Geheiß ihres geilen Gatten Chilperic erwürgt worden.

# VII
# Das vergessene Pollenpaket

Wie die Fledermaus zugleich vogelartig und mausartig erscheint und doch weder Vogel noch Nagetier ist, so gehören Theodor und Morel zu den vampirhaften Wesen, die Sodom und Gomorrha verbinden. Es seien die Rohlinge, schreibt Proust im Essay »Über Baudelaire«, denen gewöhnlich diese Rolle zufalle.[1] Theodor hat eine Schwäche für Matrosen, aber den Lohn für ihre »Extradienste« bei der Bootsfahrt bleibt er ihnen schuldig. Mit Jeanette verlobt, läßt er sich von Legrandin aushalten, dem er zum Dank für seine Wohltaten übel mitspielt.[2]

In Legrandin, der wandelnden Selbstverkennung, hat Proust Züge einiger Zeitgenossen und auch eigene karikiert.[3] Der Ingenieur, Gelegenheitsdichter und redselige Moralist wird in »Combray« als hochgebildeter Mann von erlesener Höflichkeit vorgestellt, der vom Blau des Himmels schwärmt, von den floralen Farben der Wolken, dem rosa Mond, dem pflanzenhaften Reich der Atmo-

[1] CSB, 633. K, E, 460.

[2] Pr, 811 und TR, 279. K, DG, 439 und WZ, 12.

[3] Die moralischen Ratschläge, die Legrandin Marcel erteilt, hat Proust mit denselben Worten Antoine Bibesco gegeben. *Corr.*, Bd. III, S. 285 (Brief vom April 1903).

*Der heilige Theodor,*
Südportal der Kathedrale von Chartres.
Photo: Zodiaque.

sphäre, der kleinen Opalbucht bei Balbec, den glorreichen Blumen der Hochfeste, der Bibel oder Balzacs und der in langen Tiraden gegen den Adel bedauert, daß man diese Wüstlinge in der Schreckenszeit nicht allesamt geköpft hat. Die Liebe zum männlichen Geschlecht kann er sich so wenig eingestehen wie die zur Aristokratie. »Der Mensch ist ein zentrifugales Wesen, das sich verkennt«,[1] aber unfreiwillig verrät, was es in Wirklichkeit begehrt. Indes der Plauderer Legrandin seine wahren Wünsche in Wolken blumiger Rede hüllt, lassen sich die Reflexe des Snobs Legrandin nicht unterdrücken. Seine Körpersprache entlarvt ihn als »enfant terrible«, »Meistererpresser« und »heiligen Sebastian des Snobismus«, der sich nichts sehnlicher wünscht, als blaublütig zu sein und zur mondänen Welt zu gehören.[2] In *Sodom und Gomorrha* tritt sein Snobismus, den er für die schlimmste aller Sünden hält, in dem Namen, den er sich zugelegt hat, offen zutage: Legrand de Méséglise. Bevor er am Ende beim *bal de têtes* als weißhaariger »Eremit« und »bleiches Phantom seiner selbst« erscheint, war er aus eigenen Gnaden zum Comte de Méséglise aufgestiegen.[3]

Das gelobte oder verfluchte Land der Inversion ist das Reich der Selbsttäuschung, die in der Bezeichnung »homosexuel« enthalten ist. Ein Homosexueller sei, was ein Invertierter sich in gutem Glauben einbilde zu sein, schreibt Proust. In Wirklichkeit gebe es keine gleichgeschlechtliche Liebe. Der Invertierte mag noch so viril erscheinen, seine Liebe zum männlichen Geschlecht ent-

[1] SG, 954 (Esquisse IV).
[2] DCCS, 127. K, US, 189.
[3] SG, 471 und TR, 514, 520. K, SG, 714 und WZ, 360, 370. In *Albertine disparue* hat sich Legrandin zum Grafen ernannt (AD, 250. K, DF, 380). *Legrandin* heißt »kleiner Gernegroß«, ohne die Diminutivendung *in* wird »der Große« daraus.

springt der Weiblichkeit in ihm, wie gut auch immer er diese verborgen hält. Seine Misogynie ist Selbsthaß und reicht um so tiefer, als er liebt, was seinem Begehren nur mit Abscheu begegnen kann: den echten Mann, der Frauen liebt. Die Tragödie seiner Veranlagung liegt darin beschlossen, daß seine Liebe niemals erwidert werden kann, die Komödie darin, daß er, wenn er sein Verlangen stillen will, sich selbst täuschen muß, indem er in seinesgleichen einen echten Mann zu lieben wähnt.[1]

Mit der These, »daß ein und derselbe Dichter die Komödie und die Tragödie beherrschen müßte und daß der Tragödiendichter auch ein Komödiendichter« sei, endet Platons *Gastmahl.* Die Geschichte der Liebe Marcels zu Albertine, die insgeheim zu Gomorrha gehört, ist eine groteske Tragödie, die der Liebe von Charlus zum Geiger Charles Morel eine tragische Groteske.

Auch die Anschauung, die Sokrates im *Gastmahl* der aristophanischen Fabel entgegenhält, hat Proust in seiner Theorie der Inversion übernommen. Nach der berühmten Fabel, mit der der Komödiendichter Aristophanes seine Lobrede auf Eros mit einer Zeitverzögerung beginnt – er mußte erst durch Niesen seinen Schluckauf überwinden –, gab es ursprünglich drei Menschengeschlechter: die der Sonne verbundenen Mannmänner, die der Erde verbundenen Weibweiber und die Mondmenschen, welche Zwitterwesen aus Mann und Frau waren. Rücken an Rücken zusammengewachsen, müssen diese kugelförmigen Kreaturen mit ihren vier Händen, vier Füßen und zwei Gesichtern an einem Kopf wie Riesenspinnen ausgesehen haben, und wie manche Wüstenspinnen konnten sie sich auch rollend fortbewegen. Allzumenschlich aber war ihr Sinnen, den Himmel zu stürmen und den Platz

[1] SG, 919-960 (Esquisse I, II und IV).

der Götter einzunehmen. Da schnitt Zeus sie in zwei Teile und drohte, sie abermals zu spalten, wenn sie keine Ruhe gäben: »sie mögen dann auf einem Beine gehen und hüpfen«. Nun trieb die Zweibeiner die heftige Sehnsucht nach ihrer verlorenen Hälfte an, die sie wohl auch fanden, aber vergeblich umschlangen sie einander, denn ihre Schamteile saßen auf dem Rücken. Als Kugelwesen hatten sie »wie die Cikaden in die Erde gezeugt und aus der Erde geboren«. Das zweibeinige Menschengeschlecht wäre zugrunde gegangen, hätte Zeus sich seiner nicht erbarmt und die Schamteile auf die Schnittseite versetzt, damit die armen Hälften »ineinander zeugen und aus sich selbst gebären. (...) Von dieser Zeit her (...) ist Eros den Menschen eingeboren und da, damit er die Menschen zu ihrer alten Natur zurückbringe und aus zwei Wesen eines bilde und so die verletzte Natur wieder heile. (...) Denn so war einst unsere alte Natur: wir waren einst ganz, und jene Begierde nach dem Ganzen ist Eros.«

Der Mär von den rein männlichen Männern, die ihre verlorene männliche Hälfte suchen, und den rein weiblichen Frauen, die sich nach ihrer verlorenen weiblichen Hälfte sehnen, während nur die einstigen Zwitter das andere Geschlecht lieben, setzt Sokrates die Lehre Diotimas entgegen: »Jeder begehrt (...) nur nach dem, was ihm nicht zu eigen, nicht gegenwärtig ist; und was wir nicht besitzen, was wir nicht sind, kurz das also, was uns noch fehlt, bestimmt unsere Begierde und Liebe.«[1] Das Begehren geht aus dem Mangel hervor, wie auch die Fabel lehrt, aber Sonne- und Erdwesen verkennen, daß es das *andere* Geschlecht ist, das in ihnen wohnt und das *seine* andere Hälfte sucht.

[1] *Platons Gastmahl,* verdeutscht von Rudolf Kassner, Jena 1910, S. 28ff., 46.

Das Reich der Geschöpfe, die zugleich Sonne- und Erdwesen sind, ist das der Blütenpflanzen, die in der Mehrzahl einhäusige Zwitter sind. Zweihäusige Gewächse von der Art des Asparagus nennt die Botanik Scheinzwitter, weil ihre Entwicklung zum Zwittergeschlecht eine Hemmung erfährt. Die Pollenblätter der Fruchtblüten eines einzelnen Pflanzenstocks einer Scheinzwitterart mögen noch so echt aussehen, die Fruchtblätter seiner Pollenblüten desgleichen, Pollen und Stigma aber reifen nicht, und so bleiben auch diese Blüten zur Bestäubung auf den Wind oder auf Tiere angewiesen. Die Unfähigkeit zur Selbstbestäubung hat den Vorteil, daß die zweihäusigen Pflanzen nicht durch »Inzest« degenerieren. Auch bei einhäusigen kann die Autogamie durch ungleichzeitige Reifung von Pollen und Stigma oder durch ihre räumliche Trennung innerhalb der Blüten verhindert sein. Selbst die Blumen, bei denen alles ins Werk gesetzt ist, die Selbstbestäubung zu garantieren, haben es zunächst auf die Kreuzbefruchtung abgesehen. Ihre Pollenblätter oder Griffel biegen sich nur dann einander zu, wenn der Insektenbesuch ausgeblieben ist. Unter den Zwitterblumen sind es die Orchideen, die den geflügelten Wesen am innigsten verbunden sind. Manche gehen in ihrer Liebe so weit, mit ihrem Labellum das Pelzkleid ihrer Bestäuber, mit ihrem Duft das Sekret von deren Weibchen nachzuahmen, damit eine Scheinkopulation der Hummel den Pollen auf das Stigma schüttelt.

In der Orchideenfamilie, der artenreichsten aller Pflanzen, kommen nur zwei Gattungen vor, bei denen, mit der Herzogin von Guermantes zu reden, »die Damen und Herren sich nicht am gleichen Stocke befinden«: *Catasetum* und *Cycnoches.*[1] Die im Topf gefangene Orchideen-

[1] CG, 805. K, G, 722.

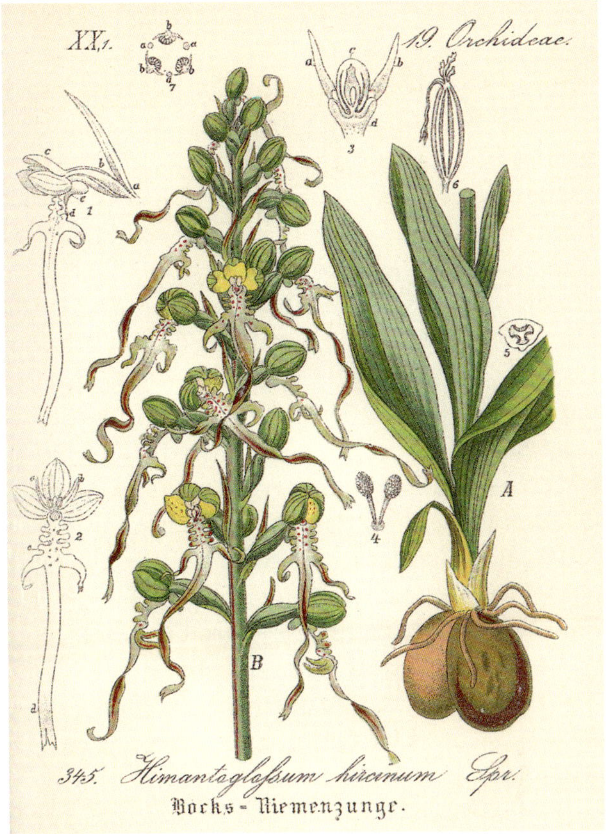


*Himantoglossum hircinum,* auch *Loroglossum hircinum* genannt.
Aus: Schlechtendal, *Flora von Deutschland,* Bd. 4, S. 284.
Die Orchidee mit dem Bocksgeruch hat Maurice Maeterlinck zu einer diabolischen Beschreibung in *L'Intelligence des fleurs* angeregt. Die Blütchen muten ihn zänkisch an, ihre zarte Zeichnung deutet er als Warzen und Lymphschwellungen, die welligen Riemen ihrer Lippe erscheinen ihm als Merowingerbart, die blaßviolette Farbe des langen, geringelten Lippenbandes vergleicht er mit der, die eine Wasserleiche nach einem Monat im Fluß annimmt. Loroglossom läßt ihn an die schlimmsten Krankheiten denken, an ein unheilvolles Albtraumland, in dem diese Orchidee ihren »giftigen« Bocksgeruch verströmt.
Vgl. Maeterlinck, S. 34 f.

dame der Herzogin, die am Fenster auf ihre Entjungferung durch eine Hummel wartet, ist ein *Catasetum proustianum.* Wie die zweibeinigen Geschöpfe des Romans ist sie das Produkt einer Verschmelzung verschiedener Spezies. Einer Cattleya ist ihr mauvefarbener Samtkragen entliehen, einer Bocksriemenzunge ihr übler Geruch, einem *Catasetum* das zweihäusige Geschlecht, die Hummel und der häßliche Name.[1]

Proust hat sein Orchideenwissen aus der gleichen Quelle geschöpft wie Maurice Maeterlinck, dessen Buch *L'Intelligence des fleurs* ihn ebenfalls inspirierte: *De la fécondation des orchidées par les insectes et des bons résultats du croisement,* die 1870 erschienene Übersetzung des Werkes von Charles Darwin. Der »merkwürdigsten von allen Orchideen«, dem südamerikanischen *Catasetum,* hat Darwin ein langes Kapitel gewidmet. Er sah diese Gattung mit ihrem »so wunderbar modificirten sensitiven Rostellum, mit den von verschiedenen Pflanzen getragenen Geschlechtern« als die höchste Form im Orchideenreich an.[2]

Drei Catasetumgeschlechter beschreibt Darwin, »welche gewöhnlich von verschiedenen Pflanzen getragen werden, zuweilen aber durcheinander gemischt auf derselben Pflanze vorkommen; und diese drei Formen sind wunderbar verschieden von einander, viel verschiedener als z. B. ein Pfauhahn und eine Pfauhenne«.[3] Wie bei Asparagus

[1] *Catasetum* setzt sich aus dem griechischen *kata,* »abwärts«, und dem lateinischen *seta,* »Borste«, zusammen, kein schöner, aber auch kein sonderlich häßlicher Name. Häßlich aber kam Proust der eigene Name vor, da Proust bis um 1900 *prou* ausgesprochen wurde, wie *prout,* die unserem »Pup« entsprechende umgangssprachliche Bezeichnung des Furzes; obendrein werden effeminierte Schwule mit dem Zuruf *prout-prout ma chère,* »Pup-Pup meine Süße« gehänselt; *prouter* heißt »pupen«, und so ist *Catasetum proustianum,* wenn man das s verschluckt, wirklich ein häßlicher Name, der auf den schlechten Geruch dieser Orchidee verweist.

[2] Darwin, S. 227. [3] Ebd., S. 177.

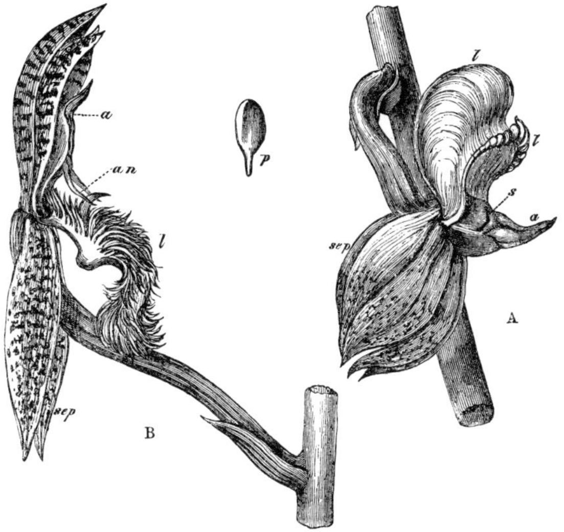


*Catasetum barbatum.*
*A* weibliche Blüte, *B* männliche Blüte.
Aus: Darwin, S. 170.

sind in der weiblichen Blüte die männlichen Elemente »in einem nutzlosen Zustande repräsentiert« und ebenso die weiblichen in der männlichen Scheinzwitterblüte, das dritte Geschlecht, ein dem Anschein nach echter Zwitter, ist jedoch vollkommen steril.[1] Diesen Hermaphroditen von schöner Nutzlosigkeit versteht Darwin als Rückschlag auf einen früheren Zustand, als alle Orchideen Zwitter waren.

[1] Ebd., S. 173. Inzwischen hat man herausgefunden, daß *Catasetum* je nach den Licht- und Nahrungsverhältnissen an einem Stock entweder männliche oder weibliche Blüten bildet oder auch dreierlei Geschlechter an einem Stock, die gut genährte weibliche Blüte zuerst, also unten, dann eine männliche, die mit weniger ausgekommen ist, und zuletzt oder dazwischen eine, die es aus Mangel nur zum Scheinzwitter schafft. Da ein Pflanzenstock in einem Jahr weibliche und in einem anderen Jahr männliche Blüten tragen kann, gilt *Catasetum* heute als nicht wirklich zweihäusig.

Als einen Rückschlag auf einen ursprünglichen Hermaphroditismus eines noch viel früheren Zeitalters, »als es weder zweihäusige Pflanzen noch eingeschlechtige Tiere gab«, deutet der Erzähler in *Sodom und Gomorrha* die Inversion, nachdem er in einer ähnlichen Lauscherlage wie einst in Montjouvain Ohren- und Augenzeuge der »Bestäubung« des Westenmachers Jupien durch die dicke Hummel Charlus geworden war. Eigentlich hatte er sich auf die Lauer gelegt, um zu sehen, ob sich die Erwartung der Topforchidee auf eine Hummel erfüllt. »Ich wußte, daß dieses Warten nicht passiver als bei der männlichen Blüte war, deren Staubfäden sich von selbst wendeten, damit das Insekt sie leichter empfangen kann, ebenso würde die Frauenblume hier, beim Eintreffen des Insekts kokett ihre Griffel biegen und würde ihm unmerklich, wie eine scheinheilige, aber hitzige Maid, auf halbem Wege entgegenkommen, damit es besser in sie eindringen kann.« Der Orchideenkenner dachte gerade über die Gesetze des Pflanzenreichs nach, »die ihrerseits von immer noch höheren Gesetzen« regiert werden, so daß die Gefahr der Degeneration bei ständiger Selbstbefruchtung durch Kreuzbefruchtung abgewendet wird und die der Hybridisierung bei unbegrenzter Kreuzbefruchtung durch einen im richtigen Augenblick ausnahmsweise vollzogenen Akt der Selbstbefruchtung, und er hatte bereits »aus der scheinbaren List der Pflanzen eine Konsequenz für einen ganzen unbewußten Teil des literarischen Schaffens gezogen«, als die Hummel in Gestalt des Barons in sein Blickfeld trat.[1]

Man spricht bei Orchideen weder von Staubfäden noch von Griffeln, und nichts in ihren Blüten sieht wie solche aus. *Columna,* »Säule« oder »Säulchen«, heißt ihr Geschlechtsteil, das eine vollkommene Verschmelzung weib-

[1] SG, 4f. K, SG, 9f.

licher und männlicher Organe darstellt. Das Säulchen krönt eine einzige mit ihm verwachsene Anthere, deren Fächer Pakete vereinter Pollen enthalten, die Pollinien, die mit einer *Caudicula,* einem »Schwänzchen« oder »Stöckchen«, versehen sind, das an der Klebscheibe des *Rostellum* haftet, dem »Schnäbelchen« oder »Schnäuzchen«, ein Gebilde, das aus der Umwandlung des oberen Stigma der drei zum Säulchen verschmolzenen Griffel hervorgegangen ist, während unten die restlichen Stigmata zu einer Narbe verschmolzen sind.[1]

Die fabelhafte Umwandlungsgabe und Verschmelzungskunst der einhäusigen Orchideen wird von *Catasetum* noch überboten. In den männlichen und in den sterilen Zwitterblüten hat das Rostellum zwei lange empfindsame Antennen ausgebildet, die gebogen innerhalb der helmförmigen Lippe liegen. Die Reizbarkeit der Antennen ist am größten, wenn die Blüte bei ihrer Entfaltung einen eigentümlichen Duft verströmt. »Eine grosze Hummel, lärmend und zanksüchtig«, wird von dem Geruch angezogen und dringt, in der Absicht, sich an der duftenden Lippe zu bedienen, ins Innere des Labellum ein, wobei sie dem Säulchen den Rücken zukehrt.[2] Sobald sie die Antennenspitze berührt, führt der zur Anthere weitergeleitete Reiz zum Herausschnellen des Pollenpakets, das, mit der Klebscheibe voraus, der Hummel mit Wucht auf den Pelzrücken fliegt. So heftig angeschossen, sucht sie das Weite, wo eine ganz anders gekleidete Catasetendame ohne Antennen, aber mit klebrigem Stigma auf ihren Besuch mit dem Pollengastgeschenk wartet.

[1] Bei den *Vandoideæ,* zu denen die Cataseten gehören, kommt noch der *stipes* hinzu, ein vom Rostellum ausgehender Stiel oder Stock, der bei der Abschleuderung der Pollinien eine maßgebliche Rolle spielt.

[2] Darwin, S. 176.

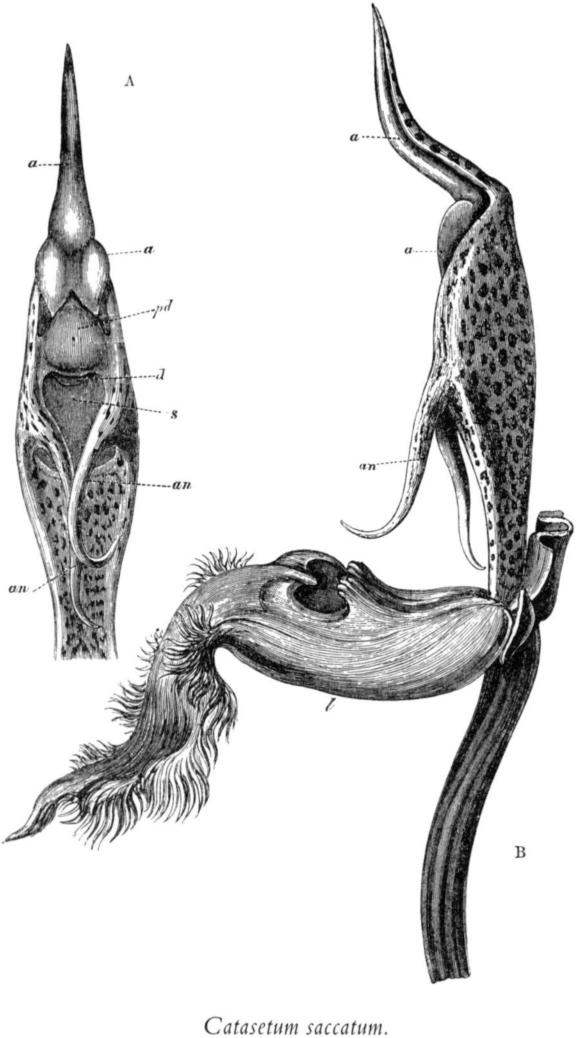


*Catasetum saccatum.*

*a* Anthere; *an* Antennen des Rostellum; *d* Scheibe des Pollinium; *f* Filament der Anthere; *l* Labellum; *p* Pollenmassen; *pd* Stiel des Pollinium; *s* Narbenhöhle.
Aus: Darwin, S. 154.

Zur Übereinstimmung der Hummelbestäubung des weiblichen *Catasetum* mit der wundersamen Balz und Kopulation von Westenmacher und Baron hat Proust der exotischen Orchideendame die von selbst gewendeten Pollenpäckchen der männlichen Blüte verliehen und ihren zum Säulchen vereinigten Griffeln die Hinneigung zum eindringenden Insekt, wie sie Darwin bei der einheimischen *Orchis mascula* beschreibt, dem Manns-Knabenkraut, das auf französisch *orchis bouffon,* »possenhafte Orchis«, heißt. Ansonsten hat sich Proust von Darwins Beschreibung des auf die Hummel wartenden *Catasetum* inspirieren lassen und von Darwins staunender Bewunderung des Befruchtungsvorgangs: »Wir sehen eine Blüthe geduldig warten, mit ihren Antennen in einer gut angepaszten Stellung ausgestreckt, bereit eine Notiz zu geben, sobald ein Insect seinen Kopf in die Höhlung des Labellum einsteckt. (...) Bei den männlichen und hermaphroditen Formen (...) liegen die Pollinien zusammengefaltet, wie eine Feder, bereit augenblicklich fortgeschossen zu werden, wenn die Antennen berührt werden. Das Scheibenende wird immer vorausgeschossen und ist mit klebriger Substanz überzogen, welche schnell hart wird und den eingelenkten Stiel fest an den Körper des Insects befestigt. Das Insect fliegt von Blüthe zu Blüthe, bis es endlich auch eine weibliche Pflanze besucht: dann führt es eine der Pollenmassen in die Narbenhöhle ein. Sobald das Insect wegfliegt, zerreiszt das elastische Stöckchen, welches hinreichend erweicht ist, um der Klebrigkeit der Narbenfläche nachzugehen, und läßt eine Pollenmasse zurück; dann werden die Pollenschläuche langsam vorangetrieben, sie durchbohren den Narbencanal, und der Befruchtungsact ist vollendet. Wer wäre wohl so kühn gewesen zu vermuten, dasz die Fortpflanzung einer Art von einer so

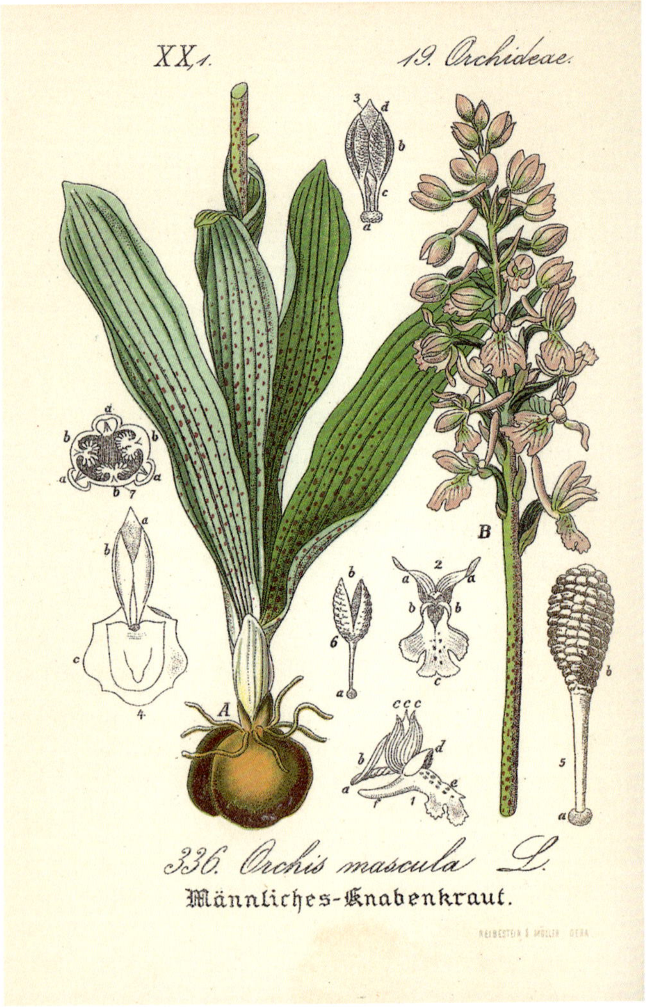


*Orchis mascula L.*

*AB* die ganze Pflanze; *1* Blume von der Seite; *2* Blume von vorn; *3* Staubblatt; *4* Lippe und Staubblatt; *5* Pollinodium, stark vergrößert; *6* Pollinodium, schwächer vergrößert, bei *b* gespalten; *7* Querschnitt durch den Fruchtknoten.
Aus: Schlechtendal, *Flora von Deutschland,* Bd. 4, S. 214 ff.

*Blütenstand von Catasetum barbatum mit Zwitterblüte (links) und männlicher Blüte (rechts).* Die Zwitterblüte vereint Merkmale beider Geschlechter, zu sehen sind rudimentäre Antennen des männlichen und die helmförmige, allerdings verkehrt herum stehende Lippe des weiblichen Geschlechts.

Photo: Günter Gerlach.

complicirten, so augenscheinlich künstlichen und doch so bewunderungswerthen Anordnung abhängt?«[1]

Noch viel wundersamer als die Befruchtung von *Catasetum* durch eine Hummel im fernen Lateinamerika wäre die eines Catasetumweibchens im Topf an einem Fenster oder in einem Hof in Paris. Als ein solches Wunder sieht der Erzähler die Paarung von Charlus und Jupien an und als »nicht weniger wunderbar« in der vollkommenen Übereinstimmung zweier Wesen, die so verschiedenen Welten angehören: der personifizierte Hochmut in Gestalt des alternden beleibten Palamède Baron de Charlus, Herzog von Brabant, Junker von Montargis, Fürst von Oleron, Carency, Viareggio und der Dunes, und die personifizierte Ergebenheit in Gestalt eines noch jungen

[1] Ebd., S. 177f.

Mannes aus dem Volk, der an einem Ministerium einer bescheidenen Tätigkeit nachgeht und der früher Westenmacher war, wobei sich der Baron durch brutale Taktlosigkeit auszeichnet und der ehemalige Westenmacher durch Zartgefühl und Vornehmheit.

Teil der vogelartigen Balz beim Hummel-und-Orchidee-Spiel war die scheinbare Indifferenz Jupiens, der so tat, als wolle er ins Büro abzwitschern, um sich von Charlus, der ihn wie eine dicke Hummel »pfeifend« verfolgte, um so heißer begehren zu lassen. So entzog sich das Paar für einige Minuten den Blicken des Voyeurs. Es kehrte zurück, weil Jupien »vielleicht« ein Paket holen wollte, »das er später mit sich nahm und das er in seiner Erregung über das Erscheinen von Monsieur de Charlus vergessen hatte, vielleicht auch einfach aus einem natürlicheren Grund«.[1]

Was für ein Paket das war, teilt sich dem Leser unterschwellig auch dann mit, wenn er weder Darwin noch Maeterlinck gelesen hat und die Bezeichnung Pollenpaket nicht kennt.[2] Das Paket, das Jupien sich aufladen ließ, hat jedoch noch einen anderen, weniger konkreten Sinn, der sich aus dem weiteren Verlauf der Liaison des Paares ergibt. *Lâcher le paquet à quelqu'un* heißt »jemandem sagen, was man auf dem Herzen hat«, und das Herz des Barons ist in seinem Inneren so stachelig wie das einer Artischocke.[3] Kaum war Charlus seinen Pollen los, schon wollte er Jupien über den feschen Maronenverkäufer an der Ecke und den hübschen Radkurier des Apothekers

[1] SG, 8. K, SG, 15.

[2] In der Umgangssprache bedeutet *mettre la main au paquet* »sich von der Männlichkeit eines Partners überzeugen«.

[3] In der deutschen Ausgabe ist aus dem Herzen, das Jupien als so stachelig wie das einer Artischocke beklagt, ein Bienenhaus geworden …

aushorchen, auf die er ein Auge geworfen hatte. So begann für Jupien die Rolle, die er im Leben des Barons spielen sollte: die des Vertrauten und des Kupplers. Jupien, der in seinem Namen *la jupe,* den »Frauenrock«, trägt, ist nicht zufällig Westenmacher, *giletier,* von Beruf. *Gilet* leitet sich vom arabischen *jalaco, jaleco* ab, der Jacke der von den Mauren im 16. Jahrhundert gefangenen Christen. *Pleurer dans le gilet de quelqu'un* heißt »jemanden zum Vertrauten seiner Kümmernisse, seines Unglücks machen«, und eben dies wird Charlus in den Zeiten seiner verzweifelten Liebe zu Morel Jupien zumuten.

Es fiel dem Voyeur wie Schuppen von den Augen, daß in der dicken Hummel Charlus eine Frau steckte. Dieser konnte das begehrte Objekt gar nicht männlich genug sein. Die Blüte, in die Charlus eindrang, war jedoch weiblich, denn auch diese Vereinigung, die »im physischen (…) unfruchtbar bleibt«, gehorchte dem Gesetz, das die Befruchtungsvorgänge aller geschlechtlichen Wesen regiert. Remy de Gourmont hat in seinem *Essai sur l'instinct sexuel* im Kapitel über den Hermaphroditismus von Austern, Schnecken und Blutegeln dieses Gesetz dargelegt: »Weder die Identität der Individuen noch auch die doppelte Funktion, deren Träger sie sind, widersprechen dem allgemeinen Gesetz, dessen Wille es zu sein scheint, daß jedes Individuum seine Entstehung zwei elementar verschiedenen Individuen verdankt. Die Selbstbefruchtung ist eine äußerst seltene Ausnahme. Ob nun das Tier beide Geschlechtsdrüsen besitzt oder nur eine davon, wir brauchen zur Fortpflanzung des Lebens ein Männchen oder ein Individuum, das als Männchen agiert, und ein Weibchen, das heißt ein Individuum, das die Gesten des Weibchens übernimmt. Der wechselweise Hermaphroditismus bestätigt diesen Grundgedanken dadurch, daß sich entweder dieselbe Drüse nach und nach völlig vom männlichen zum weiblichen Element verwandelt oder aber, daß sie in eine weibliche und eine männliche Hälfte geteilt ist und diese beiden Hälften gemeinsam und sukzessive heranreifen. Wenn ein völliges oder teilweises Wechselspiel eintritt, ist das männliche Element als erstes reif und wartet. So sehen wir also den angreifenden Instinkt des Männchens und die Passivität des Weibchens bis in die dunkelsten Winkel des sexuellen Lebens manifestiert. Die Grundsätze der Psychologie einer Seescheide unterscheidet sich weder von denen eines Insekts noch von denen eines Säugetiers.«[1]

Im Pflanzenreich sehen die Dinge etwas anders aus, denn die Selbstbefruchtung tritt dort gelegentlich auf, während die Kreuzbefruchtung durch ein Wesen zustandekommt, das einem ganz anderen Reich angehört, so daß sich ein »Paar« bildet, dessen Gegensatz nicht geschlechtlicher Natur ist. Da das frei in den Lüften fliegende Insekt und die fest an ihren Platz gebannte, in der Erde wurzelnde Pflanze gegensätzlichen Reichen angehören, haben sie bei ihrer Begegnung auch Unterschiedliches im Sinn. Die Pflanze die genitale Bestäubung, weil sie als zweihäusige die räumliche Trennung vom anderen Geschlecht nicht überwinden kann und als einhäusige der Einführung räumlicher Trennung zur Auffrischung ihres Erbgutes bedarf. Dem Insekt hingegen ist die Pflanze, wenn es nicht gerade eine Ophrysart vor sich hat, die wie sein Weibchen aussieht und riecht, als Geschlechtswesen vollkommen gleichgültig. Unversehens bewirkt es die Pollenübertragung, indem es sich am Nektar labt, den Pollen für

[1] Remy de Gourmont, *Physik der Liebe. Über das sexuelle Verhalten der Tiere,* aus dem Französischen von Rudolf Brettschneider, Notizen von Michael Farin, München 1990, S. 135 f.

seine Brut sammelt, Blütenblätter zerschneidet, um sein Nest damit zu tapezieren, sich ins gemachte Bett einer Serapiablüte legt, um die Nacht darin zu verbringen, oder als männliches Wesen die Duftstoffe aus dem Gewebe der Blütenblätter aufnimmt, um fein parfümiert ein Weibchen zu betören. Ob die Catasetumblüte, in deren Lippe die Hummel – die in Wirklichkeit ein Prachtbienenmännchen ist – den Duftstoff aufnimmt, steril oder fruchtbar ist, spielt für das Insekt keine Rolle.[1] Ganz nutzlos muß die unfruchtbare Scheinzwitterblüte, die mit männlichen oder weiblichen oder mit beiden an einem Stocke wohnt, auch für die Pflanze nicht sein, deren Attraktion für die Insekten sie durch Steigerung des Duftes erhöht. Nutzlos erscheint nur, daß sie wie die männliche Blüte dem Insekt ein Pollenpäckchen auf den Rücken schießt, das auf dem Stigma einer weiblichen Blüte ohne Wirkung bleibt. Nutzlos, fruchtlos und nur zur eigenen Befriedigung, wie die Worte, die Charlus eines Abends Marcel ins Gesicht schleuderte, »wie bestimmte Blüten, die dank einer Federkraft aus der Distanz das Insekt besprengen, das dadurch unbewußt ihr fassungsloser Komplize wird«.[2]

Die Übereinstimmung eines unmöglichen Paares wie Blume und Insekt fand der Voyeur in der Begegnung von Charlus und Jupien gespiegelt. Das Wunderbare, das er darin sah, gibt er in Worten wieder, die er den *Inneren Stimmen* von Victor Hugo abgelauscht hat: »›daß hienieden eine jede Seele‹ jemandem ›seine Musik, sein Feuer oder seinen Duft‹ zu schenken vermag«.[3]

[1] Darwin war von dem in Trinidad forschenden Botaniker über die Bestäuber von *Catasetum* falsch unterrichtet worden. Ich danke Günter Gerlach vom Botanischen Garten München-Nymphenburg, der mich an seinem reichen botanischen Wissen hat teilhaben lassen.

[2] SG, 30. K, SG, 48.

[3] SG, 28. K, SG, 45.

Zum Vergleich von Verhältnissen, die Sodom und Gomorrha kennzeichnen, bieten sich im Pflanzenreich nicht nur Scheinzwitterblüten an. In *L'Intelligence des fleurs* macht Maeterlinck in einer Fußnote zu den »Hochzeiten der Blumen« darauf aufmerksam, daß sich die Botanik zur Bezeichnung der Reproduktionsorgane der Pflanzen einer, wie er meint, »verwirrenden und fälschlichen Terminologie« bediene. Der Stempel, der den Fruchtknoten enthält, der Griffel und *le stigme,* der ihn krönt, alles beim weiblichen Organ »ist männlichen Geschlechts und scheint viril zu sein. Hingegen haben die männlichen Organe, die von den Antheren gekrönten *étamines* einen Namen junger Mädchen«.[1]

[1] Maeterlinck, S. 33.

# VIII
# Medusenträume

Die insgeheim männlichen jungen Mädchen der *Recherche* haben einen männlichen Namen mit weiblicher Endung: Gilberte, Andrée, Albertine. Phallisch und robust präsentiert sich das weibliche Organ der Blume, zerbrechlich an zartem Faden das männliche. Nicht so die Orchidee. Mit ihrem bizarren Labellum, das in feine Haare, in Schlangengekräusel, gezwirbelte Bärte, lange Zungen, Tentakel oder Fransen auslaufen kann und mit ihrem zum Säulchen verschmolzenen Geschlecht, das ihr über der Lippe wie eine Stubsnase im Gesicht steht, erinnert sie an eine ins Blütenreich versetzte Gorgo Medusa, das Schreckbild des reifen weiblichen Geschlechts, das den Betrachter versteinert.

Die Meduse, mit der Proust die Orchidee vergleicht, ist die im Meer schwebende mit den nesselnden Tentakeln. Michelet, dem unbegreiflich war, daß Linné diese entzükkenden Quallengeschöpfe nach der schrecklichen Medusa benannte, vergleicht in seinen Meeresbetrachtungen eine Art durchsichtiger, weißer Medusen mit großen gläsernen Armleuchtern, die reich mit Kristallgehänge geschmückt sind, »in das die spiegelnde Sonne Edelsteine einsetzte«.[1]

[1] Jules Michelet, *La Mer,* Paris 1861, in: *Œuvres complètes,* Paris 1898, Bd. XXIX, S. 372.

Proust kommt bei der Aneignung des Vergleichs ohne Pretiosen aus: »Meduse! Orchidee! Als ich nur meinem Instinkt folgte, widerte mich die Meduse in Balbec an; wenn es mir aber gelang, sie wie Michelet vom naturgeschichtlichen und ästhetischen Standpunkt aus zu betrachten, sah ich in ihr eine köstliche azurfarbene Girandole. Sind sie mit dem durchscheinenden malvenfarbenen Samt ihrer Blütenblätter nicht wie Orchideen des Meeres?«[1]

Mit dem Verschwinden der Kristallkandelaber hat sich auch das Fremdwort »Girandole« rar gemacht. Es leitet sich vom lateinischen *gyrare,* »in einem Kreise drehen«, ab und bezeichnet strahlig angeordnete Dinge: den Armleuchter und ebenso die daran hängenden Kristallklunker – die *girandoles* der *lustres de cristal* von Michelet; auch Ohrgehänge aus Edelsteinen nennt man so, und dreierlei Pflanzen haben in Frankreich diesen Namen: Götterblume, Wasserfeder und orientalische Zierlitze, aber auch strahlenförmig angeordnete Blütenstände wie die der Kastanie und des Flieders heißen so. In *Jean Santeuil* versprühen die *girandoles mauves* des Flieders ihre zarten Bläschen.[2]

Durch spontane Zeugung, lehrte uns Proust, entstehen in den Gewässern der Gedanken großer Geister die schönen Geschöpfe, die wir Ideen nennen, das heißt durch Selbstbefruchtung. Allein, nach einem höheren Gesetz bedarf es, im Gedankenmeer wie im Reich der Pflanzen, zur Zeugung eines neuen Geschöpfes zuweilen der Kreuzbefruchtung. So ist die malvenfarbene Medusenorchidee aus der Kreuzung der glitzernden *girandoles* von Michelet mit der azurfarbenen Girandole des Flieders entstanden, die ihr Mauve der Hybride vermacht hat. Noch ein ganz anderes Geschöpf ist aus der Verbindung hervorgegangen.

[1] SG, 28. K, SG, 45. [2] JS, 280. K, JS, 155.

Sehen wir uns das Medusenkapitel »Tochter der Meere« an, wird deutlich, wie fruchtbar die Lektüre von *La Mer* für Proust gewesen ist.

*Le tendre lilas* kommt bei Michelet als Farbbezeichnung einer besonders hübschen kleinen Meduse vor, in deren Opalweiß »eine zartlila Krone wie in einer Wolke verschwamm«. Der Medusenliebhaber fand die handgroße Qualle, »das Unterste zu oberst« gekehrt mit der lila Haarkrone über dem schirmförmigen Leib, auf dem Fels einer trockenen Lagune. »Sie war verletzt, eingerissen an ihren feinen Haaren, die ihre Atmungs-, Saug- und sogar Liebesorgane sind.«[1] Von keiner Haut geschützt »wie wir anderen Tiere der Erde«, wäre sie, der Sonne und dem Mistral ausgesetzt, langsam verendet, hätte Michelet nicht seinen Widerwillen sie anzufassen überwunden. Es gelang ihm, »die köstliche Kreatur«, die »in ihrer sichtbaren Unschuld und mit dem Regenbogen ihrer sanften Farben«, *l'iris de ses douces couleurs,* ihm »wie ein zitterndes Gelee« immer wieder entglitt, aus dem Trockenen in eine benachbarte, noch mit dem Meer verbundene Lagune zu tragen.

Die großen weißen Kandelabermedusen, die zu Hunderten am Ufer des Mündungstrichters der Gironde gestrandet waren, konnte er nicht retten. So schön sie bei ihrer Ankunft waren, so erbärmlich nahmen sie sich nach zwei Tagen im Sand aus. »Nichts Vergänglicheres, nichts Flüchtigeres als die Töchter des Meeres.« Beute der Fische und Vögel, den Strömungen und Stürmen ausgeliefert, ungeschützt, mit Sinnen begabt und »einer bemerkenswerten Fähigkeit zu leiden«, kann man sie nicht, »wie den Polypen, ungestraft teilen. Er verdoppelt sich in diesem Fall, sie hingegen stirbt. Gallertartig wie er, erscheint sie

[1] *La Mer* 1861, tb édition présentée, établie et annotée par Jean Borie, Paris 1983, S. 151.

*Entwicklung einer Meduse.*
Aus: Matthias Jacob Schleiden, *Das Meer,* Berlin 1874.

wie ein Embryo, aber ein zu früh aus dem Schoß der gemeinsamen Mutter entlassener Embryo, aus der Grundfeste gezogen, dem Verband, der die Sicherheit des Polypen ausmacht, und ins Abenteuer geworfen.«[1] Michelet, der Prophet der Emanzipation, stellt die Meduse als »befreiten Polypen« dar, denn die Meduse ist einem Polypenstock entsprossen, und aus ihr gehen Larven hervor, die sich wieder festsetzen und zu Polypen auswachsen, an denen dann wiederum Medusen sprossen. Das ist der seltsame Generationswechsel im Medusen- und Polypenreich. Der pflanzenartig knospende Polyp ist die ungeschlechtliche, die Meduse die geschlechtliche Generation. Zwitterhaft ist nicht das Geschlecht der Qualle, sondern ihre zwischen zwei vollkommen unterschiedlichen Lebensformen schwankende Natur. »Ein unentschiedenes Wesen« nennt sie Michelet. Als bewegliche Meduse träume sie von der Ruhe, als träger Polyp von der Bewegung.

Dem wehrlosen Wesen, das sich vor nichts fürchte, sich ohne Instrumente auf Schiffahrt begebe und dem Leben zu sehr vertraue, lasse sich die Herkunft aus der Sicherheit eines gemeinsamen Lebens ablesen. Das befreite Embryo versucht »aus sich allein eine vollständige kleine Welt zu sein, große Versuchung für Alle! universelle Verlockung! schöner Wahnsinn, der die Mühe und allen Fortschritt der Welt ausmacht! Aber wie wenig scheint er in diesen ersten Versuchen gerechtfertigt! Man könnte glauben, die Meduse sei zum Scheitern gemacht«.[2]

Als »eine Sintflut kleiner Wunderwerke« nimmt Michelet die vielen Medusenarten wahr, die die Wissenschaft nach den Königinnen und Göttinnen der griechischen Mythologie benannt hat, »all diese Schönen«, die »in ihren heiteren sanften Farben mit tausend Reizen einer kind-

[1] Ebd., S. 153. [2] Ebd., S. 154.

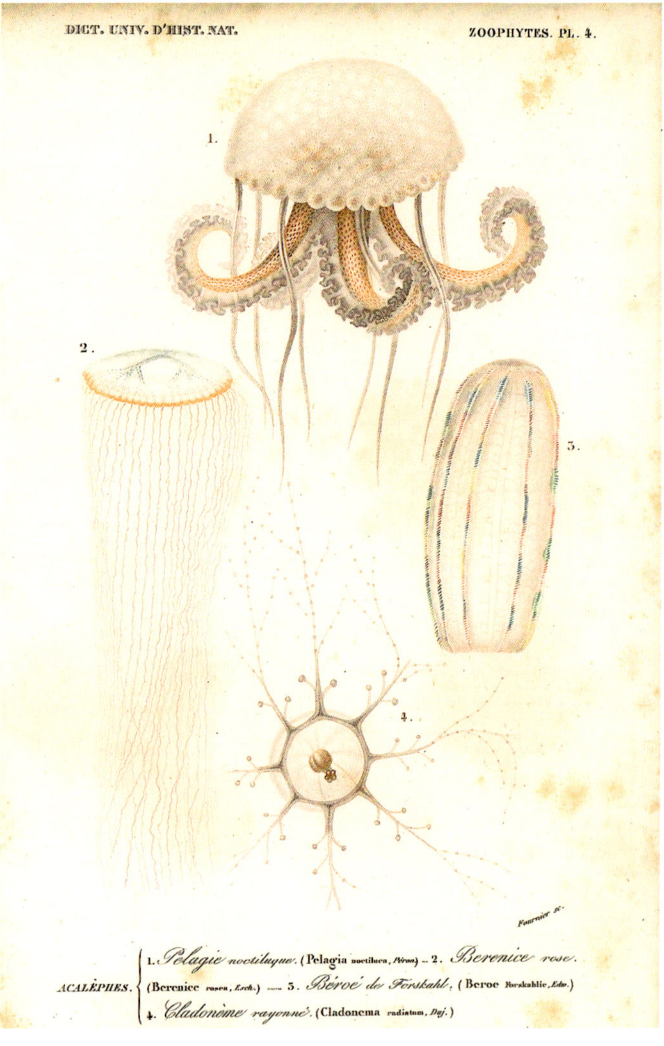


*Medusen.*

*1* Pelagia noctiluca; *2* Berenice rosea; *3* Beroë forskahlie; *4* Cladonema radiatum.
Aus: *Dictionnaire universel d'Histoire naturelle,* dirigé par Charles d'Orbigny, Paris 1849, Atlas 3.

lichen Koketterie, die nichts von sich weiß, auf dem grünen Spiegel« des Meeres »um die Wette schwimmen«. Von ganz anderer Art ist der Zauber, den die gallertartigen Geschöpfe zur märchenhaften Illumination des Meeres in stürmischen Nächten entfalten. *Pelagia noctiluca,* »nächtliches Meeresleuchten«, heißen die zart purpurroten Leuchtquallen mit tiefroten Tentakeln, die in den Turbulenzen wie Feuerbälle aufstrahlen. Vom Sturm zu riesigen Schwärmen zusammengetrieben, entflammen sie das Meer. Die biologische Bedeutung und der chemische Vorgang des Leuchtens sind bis heute nicht enträtselt. Michelet hat dem mysteriösen Phosporeszieren »in Smaragdgrün und anderen Farben« eine Deutung gegeben, die in der *Recherche* widerscheint: »Die noblen und schönen Medusen (...) scheinen ernste Gedanken zum Ausdruck zu bringen. (...) Es ist, als ob der Geist des Abgrunds über dessen Geheimnisse sinniere. Es ist, als ob eine Seele erscheine oder diejenige, die eines Tages leben darf. Oder müßte man darin den melancholischen Traum eines unmöglichen Schicksals lesen, das nie sein Ziel erreichen darf?«[1]

Aus großer Tiefe ist die Sodom-und-Gomorrha-Meduse aufgestiegen, aus dem unbewußten Bereich des literarischen Schaffens. Je nachdem, unter welchem Gesichtspunkt Marcel sie betrachtet, erscheint sie ihm widerwärtig oder wunderschön. Schön wie die herrliche blaue Haarqualle *Cyanea lamarckii* und wie die Medusa der Mythologie, bevor sie zur Strafe für ihre Anmaßung, sich an Schönheit mit Athene messen zu wollen, das von Schlangenhaar umgebene Schreckensantlitz erhielt, mit Stubsnase, gebleckten Eberzähnen, heraushängender Zunge und Bart. Der Schlangenphobiker Ruskin, dessen Grauen vor dem weiblichen Organ so groß war, daß er die Ehe mit

[1] Ebd., S. 156 ff.

seiner jungen Frau nie zu vollziehen vermochte, sah die Orchideen als Geschöpfe an, deren Geburt und Entwicklung der Fliegengott Beelzebub persönlich überwachte.[1] Auch er hat Darwins Orchideenbuch gelesen. Vor *Catasetum,* dessen seitlich geschlitzte Antennen Darwin mit den Giftzähnen der Vipern vergleicht und deren reptilienhafte Blütengestalt ihm vorkommt, als sei sie »in der wildesten Laune« geformt worden, muß es Ruskin ganz besonders gegraust haben.[2]

In *Le Côté de Guermantes* sah für Marcel das blutverschmierte Haar seiner todkranken Großmutter, in dem sich die ihr an Nacken, Schläfen und Ohren gesetzten Blutegel wie kleine schwarze Schlangen ringelten, wie das der von Perseus enthaupteten Medusa aus.[3] Ganz anders als diese enden die von der Flut an den Strand gespülten Medusen, die, wie von Michelet geschildert, als arme Glibberhäufchen vergehen. Mit einer gestrandeten »unfruchtbaren« Meduse vergleicht der Erzähler in *Sodom und Gomorrha* einen einsamen Homosexuellen, in dem er zugleich eine seltsame Andromeda erkennt, die kein Argonaute je befreien wird. Es irrt, wer glaubt, Proust habe gemeint, Perseus zähle zu den Argonauten, oder er habe die Personen verwechselt. Der Medusa enthauptete kann nicht der ersehnte Befreier einer medusenhaften Andromeda sein. So weich wie sie ist, liebt sie die harten Kerle, die nur das Goldene Vlies im Sinn haben.

Die Verknüpfung der nackt an den Fels gefesselten Andromeda mit einer Meeresmeduse stammt von 1775. *Upside-down jellyfish* ist der englische Name der Meduse,

[1] *Works,* Bd. 28, S. 183. Zur Bedeutung der Gorgo Medusa im alten Griechenland vgl. Jean-Pierre Vernant, *Tod in den Augen,* aus dem Französischen von Max Loser, Frankfurt a. M. 1988, S. 25 ff.

[2] Darwin, S. 158, 156, 192. [3] CG, 630. K, G, 469.

die Pehr Forsskål *Cassiopea andromeda* getauft hat. Diese wunderlichste aller wunderlichen Quallen hat sich den Medusentraum der Ruhe erfüllt. Nur in der Jugend schwebt sie frei umher, dann sucht sie sich eine stille Lagune, saugt sich mit der Schirmoberseite nach unten am Grund fest, breitet ihre stark verzweigten Mundarme aus und fächelt sich was sie braucht mit dem Schirmrand zu, sei es Nahrung, frisches Wasser oder, wenn es ein weibliches Wesen ist, das Sperma eines Männchens. Die verkehrt herum lebende Meduse verläßt nur bei massiver Störung ihren Platz, um sich anderswo wieder polypenhaft festzusetzen.

Im Mythos endet Andromeda mit ihrer Familie und der Schlange als Sternbild am Nordhimmel. Kassiopeia, die geprahlt hatte, ihre Tochter oder sie selbst sei schöner als die Nereiden, wurde für ihren Hochmut dadurch bestraft, daß sie als Gestirn auf dem Kopf steht. Athene, Schutzgöttin des Krieges, der Weisheit und der Künste, hat dafür gesorgt, daß Andromeda und ihre Mutter oben am Himmel ewig zusammenbleiben, und Forsskål ist es zu verdanken, daß es ihnen unten im Meer dem Namen nach nicht anders ergeht. In *Cassiopea andromeda* ist das auf dem Kopf Stehende und das polypenhaft Gefesselte sogar zu ein und demselben Wesen verschmolzen. Die dem Wunschtraum aller männlichen Andromeden entsprechende Meduse kommt in *La Mer* nicht vor, aber Proust konnte sie in jedem naturhistorischen Wörterbuch finden. Daß er sich selbst mit Andromeda verglich, geht aus seinen Korrespondenzen hervor.[1]

Der einsame Turmbewohner, der in einem Seebad am Strand seinen Männerträumen nachhängt, gehört in der »fluchbeladenen Rasse« zur Spielart der Einzelgänger, die

[1] *Corr.*, Bd. VI, S. 250 und Bd. III, S. 61.

»zweifellos die furchtsamste Kindheit hatten« und die sich als unfähig erweisen, »sich selbst und zugleich die anderen zu belügen«. »Nie wirklich zur Reife gelangt« und »der Melancholie verfallen«, führen sie »ein vergleichsweise reines Leben«.[1] Wie im Turmbewohner der Erzähler steckt, so ist in einer anderen von ihm geschilderten Spielart der Invertierten Marcel verborgen. Manches Geheime findet sein bestes Versteck im offen Ausgebreiteten. Diese Invertierten finden ihre Lust bei Frauen, die selbst Frauen lieben, indem sie für sie die Rolle einer anderen Frau spielen, während deren insgeheime Männlichkeit ihnen *beinahe* bietet, was sie beim Manne suchen.[2] Marcel liebt die schillernden Frauen, die ihre Liebe zum eigenen Geschlecht so wenig eingestehen wie er die seine, die sich im Klandestinen beim Lauschen und Schauen erschöpft.

*À pas de loup,* »auf Wolfspfoten«[3] schlich er sich an, um als ungesehener Dritter am Bestäubungsakt teilzuhaben. Sachte zog er sich an der Leiter empor, die der Stallknecht der Guermantes hinter deren Rücken in den Nebenraum der Werkstatt von Jupien gestellt hatte, um durch ein Guckfenster auf das Paar zu schauen. Das Guckfenster hat im Französischen einen dem Deutschen abgelauschten Namen: *vasistas.* Die Frage: was ist das? mußte sich Marcel nicht stellen, als er vor dem Erklimmen der Leiter durch die »hauchdünne« Wand, die ihn von Jupien und Charlus trennte, die Lustlaute des Paares und danach Geplätscher vernahm, obwohl es so klang, als würde jemand

[1] SG, 16-26. K, SG, 26-42.

[2] SG, 24. K, SG, 38.

[3] SG, 11. K, SG, 19. Im Deutschen würde man »auf Katzenpfoten« sagen, aber das Kätzchen gehört nicht zum Assoziationsfeld der Szene. »Sachte, verstohlen« ist der Sinn bei beiden Raubtieren, die in der deutschen Ausgabe beide weggefallen sind, »mit lautlosem Schritt« heißt es dort.

erwürgt und als würden »anschließend der Mörder und sein wiedererstandenes Opfer ein Bad nehmen, um die Spuren des Verbrechens auszulöschen«.[1] Was er an der Wand zu hören, am *vasistas* zu sehen bekam, war idyllisch, gemessen an dem, was sich ihm Jahre später an einem *œil-de-bœuf* offenbarte, einem »Ochsenaugefenster«,[2] an das er sich wiederum »auf Wolfspfoten« herangeschlichen hatte.

In der *Wiedergefundenen Zeit* geht der himmelschreienden Szene am *œil-de-bœuf* eine Beschreibung des Himmels voraus, unter dem Marcel durch das vom Krieg gezeichnete Paris flanierte, bevor er sich »im Netz der dunklen Straßen verlor« und es ihn in das Haus mit jenem Fenster zog. Es war in einer heißen Sommernacht. Nach den Bombenangriffen vom Vorvorabend hatte sich der Himmel »wie das Meer nach dem Sturm« wieder beruhigt, war aber nicht völlig besänftigt, denn noch immer »stiegen Flugzeuge wie Feuerwerksraketen auf, um zu den Sternen zu stoßen«. Die Aeroplane, die Marcel noch wenige Stunden zuvor »wie Insekten als braune Flecken am *blauen Abend* treiben gesehen hatte, zogen nun in der Dunkelheit, die durch das teilweise *Erlöschen* der Straßenlaternen noch vertieft war, wie leuchtende Feuerschiffe dahin«. Von

[1] SG, 11. K, SG, 19.

[2] *L'œil-de-bœuf* ist ein rundes oder ovales Fenster im oberen Teil eines Gebäudes oder in einer Dachgaube; *l'Œil-de-Bœuf* geschrieben, bezeichnet es das Vorzimmer der Gemächer des Königs in Versailles, das sein Licht durch ein solches Fenster erhält. In diesem Raum versammelten sich die Höflinge, bevor sie vom Herrscher empfangen wurden. Die *Chroniques de l'Œil-de-Bœuf,* eine Sammlung skandalöser Anekdoten vom Hof Ludwigs XIII. und Ludwigs XVI., entstand im 19. Jahrhundert. Das zum Flur hin und nicht nach außen gerichtete Fenster im Männerbordell hat Proust aus tieferen Gründen *œil-de-bœuf* genannt. Marcel belauscht nämlich, wie Jupien Charlus vorschlägt, es einmal mit dem Kerl zu versuchen, der in den Schlachthäusern die Ochsen tötet. TR, 394. K, WZ, 182.

»menschlichen Sternschnuppen« zu »neuen Sternen« ernannt, reihen sich die Aeroplane am Ende der Passage unter die Sternbilder ein.[1]

Kein Wort vom Sternbild der Andromeda. Es war ein *Aeronaute,* den der an sein Bett und den Fels seines Werkes gefesselte Proust herbeisehnte. Der trug sich in der Flugschule von Antibes unter dem Namen »Marcel Swann« ein, nachdem er im Dezember 1913 mit seiner Gefährtin Paris fluchtartig verlassen hatte, um als Pilot statt als Sekretär eines Romanciers sein Glück zu machen. Vergeblich versuchte Proust den Entflohenen durch das Geschenk eines Aeroplans zur Rückkehr zu bewegen. Am 30. Mai 1914 schrieb er ihm, er werde in das abgelehnte Flugzeug das Sonett von Mallarmé *Der Schwan* eingravieren lassen. Das war der Tag, an dem Alfred Agostinelli mit einem Flugzeug der Pilotenschule im Meer versank. Proust hatte ihn als Taxichauffeur kennengelernt. Er fühlte sich schuldig am Tod des jungen Mannes, der ohne die Gelder, die er ihm so reichlich hatte zukommen lassen, geblieben wäre, was er gewesen war. Durch das Proustteleskop betrachtet, erscheint im Bild der Andromeda und im Bild des Schwans ein neuer Stern, der eine steht für den geliebten Aeronauten, der andere für den zurückgewiesenen Aeroplan.

Der auf den Ephebenspargel verweisende Zusammenhang von *soir bleu* und *extinction* ist im Aeronautenkontext den Straßenlaternen geschuldet, den *réverbères.* In ihnen ist der Widerschein des Kommenden eingefangen. *Réverbère* hieß im 16. Jahrhundert »Echo«, auch Metallspiegel zum Zurückwerfen des Lampenlichts wurden und werden so genannt. *Réverbération* heißt »Rückstrahlung« (von Licht oder Wärme), »Rückprall« (des Schalls), figürlich

[1] TR, 380. K, WZ, 161 f.

»Rückwirkung«; *le temps de réverbération* ist die Zeit, bis ein Laut erlischt; *réverbérer,* »zurückwerfen«, ist vom lateinischen *reverberare* abgeleitet, »zurückschlagen, -werfen, -prallen«, das sich aus *re* und *verberare,* »geißeln, peitschen, schlagen«, zusammensetzt.

Im Wortspiegel reflektiert sich die künftige Geißelung. Ort der Handlung ist ein Hotel weitab vom Stadtzentrum. In einem finsteren, von »Elend, Verlassenheit und Furcht bewohnten Viertel« war ein rege von Soldaten verschiedener Waffengattungen besuchtes Hotel das einzige beleuchtete und Prosperität ausstrahlende Haus. Marcel, der Späher mit den Wolfspfoten, hielt es zunächst für das Nest eines Spionagerings. Der Gedanke beschlich ihn, als er aus einiger Entfernung einen Offizier das Etablissement verlassen sah, in dem er den fälschlich der Spionage verdächtigten Saint-Loup wahrnahm, den weder seine Haltung noch seine Schlankheit, noch seine Gangart, noch seine Behendigkeit verriet, sondern seine Ubiquität. Diese offenbarte sich ihm durch das »außerordentliche Mißverhältnis zwischen der Anzahl der verschiedenen Punkte, die sein Körper durchmaß, und der geringen Anzahl der Sekunden, in denen sich dieser Abgang, der wie der Ausfallsversuch eines Belagerten wirkte, vollzog«.[1] Die Allgegenwart des heiligen Wolfs reicht beinahe an die Gottes heran, der im selben Augenblick überall gegenwärtig ist, wie der Romancier im Roman.

[1] TR, 389. K, WZ, 174 f. In »Un amour de Swann« kommt die Ubiquität als »ungewisse Allgegenwart der Hoffnungen« des in Odette verliebten Swann vor, dessen glückliches, vagabundierendes und vervielfachtes Herz in zahllosen und wechselnden Zufluchtstätten gleichzeitig Schutz sucht. Das Lyrische des Satzes geht im Deutschen verloren: *Asiles innombrables et alternatifs, où venait simultanément se réfugier, dans l'incertaine ubiquité de ses espérances, son cœur heureux, vagabond et multipilé.* DCCS, 289. K, US, 426.

Mit dem im Nu von der Dunkelheit verschluckten Saint-Loup fängt das Gruselmärchen an, in dem der mit Ungeheuerlichem konfrontierte Held sich dadurch bewährt, daß ihm niemals das Hören und Sehen vergeht. Auf den Stufen, die zur sperrangelweit offenstehenden Eingangstür des Hotels führten, schnappte er Gesprächsfetzen über einen blutig geschlagenen Mann in Fesseln auf, dem er, wie Harun al Raschid in einem Märchen aus *Tausendundeiner Nacht* beistehen wollte, aber dann mußte er feststellen, daß er im falschen Märchen war, denn wie in der »Geschichte des Lastenträgers und der drei Damen«, »in der eine in eine Hündin verwandelte Frau sich freiwillig schlagen läßt, um ihre frühere Gestalt wiederzuerlangen«, waren die Folternden gutherzig und der Gefesselte ein sich hündisch gebärdender, nach Strafe lechzender Sünder.[1]

Von einem Mordsdurst getrieben und entschlossen, dem Gefesselten zur Hilfe zu eilen, betrat Marcel das Hotel, nicht ahnend, daß es ein auf Geheiß des Barons von Jupien gekauftes Männerbordell war, in dem junge Männer, Soldaten, Matrosen, Arbeiter, lauter gute Kerle, angeheuert waren, die von Charlus begehrten brutalen Bösewichte zu spielen. Man gewährte ihm ein Zimmer, in dem er sich für ein paar Stunden ausruhen wollte, und da er etwas zu trinken wünschte, wurde »Pierrot« in den Keller um Cassis geschickt.[2] Kein Gedanke an das Klofenster in Combray stieg in Marcel auf, als er im stickigen Zimmer

[1] TR, 411. K, WZ, 207.

[2] Pierrot, »Peterchen«, ist die komische Figur des tölpelhaften Dieners, der immer Prügel bekommt. Sein Kostüm ist ganz weiß wie sein Gesicht, sehr weit und mit riesigen Knöpfen besetzt. Nach dieser Bühnenmaske wird auch ein Einfaltspinsel Pierrot genannt. Im Volksmund heißt *un pierrot* »ein Glas Weißwein« und »ein Glas Weißwein trinken« *asphyxier, étouffer un pierrot,* »einen Pierrot ersticken, erwürgen«.

seinen Cassis trank. Es war ein Aperitif, der in Farbe und Konsistenz ganz auf das Hauptgericht abgestimmt war, das er gleich danach am *œil-de-bœuf* mit den Augen verschlingen sollte: die blutige Orgie der Geißelung von Charlus.

Wie bei der Bestäubungsszene mit Jupien geht dem Beschauen das blinde Belauschen voraus. Das Ohr gegen die Tür der Folterkammer gepreßt, hörte er die rüde Stimme des höhnenden Folterknechts, das Niedersausen einer Klopfpeitsche und die Schmerzensschreie, das Winseln und Flehen des Besserung gelobenden und die Füße seines Peinigers küssenden Gemarterten. Dann schlich er sich auf Wolfspfoten im dunklen Flur ans *œil-de-bœuf.* »Und da sah ich, an ein Bett gefesselt wie Prometheus an seinen Felsen, die Schläge einer (...) mit Nägeln gespickten Klopfpeitsche erleidend, die Maurice ihm beibrachte, sah, bereits in seinem Blute schwimmend und mit Blutergüssen bedeckt, die bewiesen, daß diese Leibesstrafe nicht zum ersten Mal erfolgte, sah ich vor mir Monsieur de Charlus.«[1]

Von allen Figuren der *Recherche* hat Charlus die meisten Laster zu tragen: Hochmut und Überheblichkeit, Zorn und Unduldsamkeit, Torheit und Idolatrie, Unkeuschheit und Gier, Eitelkeit und Wahnsinn. Nur ein großer Dichter könnte eine solche Lasterlast mit einem Werk aufwiegen, aber diese Gabe und die Tugenden, die zu ihrer Verwirklichung notwendig sind, hat der Schöpfer seinem Geschöpf versagt, was der Erzähler nicht versäumt zu bedauern.[2] »Wie kam es«, fragt sich dieser, »daß Monsieur de Charlus (...) sich nicht aus einem gewissen

[1] TR, 394. K, WZ, 182.

[2] »Was für ein Pech, daß Monsieur de Charlus nicht Romencier oder Dichter ist! Nicht etwa um das, was er sähe, zu beschreiben, aber der Punkt, an dem sich ein Charlus in bezug auf sein Begehren befindet, ruft

Gefühl der persönlichen Würde und der Selbstachtung genötigt sah, seiner Sinnlichkeit gewisse Befriedigungen zu verweigern, für die man doch wohl keine andere Entschuldigung finden könnte als den kompletten Wahnsinn. Aber von ihm wie von Jupien mußte die Gewohnheit, die Moral von einem ganzen Handlungsbereich zu trennen, (...) schon so lange angenommen worden sein, daß die Gewohnheit (ohne je das moralische Gefühl nach seiner Meinung zu befragen) von Tag zu Tag immer stärker wurde, bis zu dem Tag, an dem dieser willige Prometheus sich von der MACHT an den Fels der reinen Materie hatte fesseln lassen.«[1]

Mit dem Handwerkergott und Patron der Töpfer und Schmiede, dem Titan Prometheus, »Dem Vorausdenkenden«, der den Menschen das Feuer brachte, das er mit List und Tücke den Göttern stahl, hat Prousts Palamedes, »Der Vieles im Sinn Tragende«, außer der Strafe nichts gemein. Nach der Phædrusfassung des Mythos wären Wesen wie Charlus allerdings durch den Göttertäuscher und Menschenbildner entstanden. Laut Phædrus schuf Prometheus nach einem Gelage mit Bacchus versehentlich *tribadæ et molles mares,* »Lesben und Schwule«, als er in trunkenem Zustand die Genitalien verkehrt verteilte, so daß er die harten Wesen mit den weiblichen und die weichen mit den männlichen versah.[2] Gustave Moreau hat in

um ihn herum Skandale hervor, zwingt ihn, das Leben ernst zu nehmen, Rührung in das Vergnügen zu setzen, hindert ihn daran, stehenzubleiben, in einer ironischen und äußerlichen Sicht der Dinge zu erstarren, erneuert in ihm unablässig eine schmerzvolle Strömung. (...) Aber Monsieur de Charlus war in der Kunst nur ein Dilettant, der nicht ans Schreiben dachte und auch nicht begabt dafür war.« TR, 410. K, WZ, 205 f.

[1] TR, 417. K, WZ, 216.

[2] Augustus Libertus Phædrus, *Fabulæ Aesopiæ,* ed. princ.: Autun 1596, zit. nach B. E. Perry, *Babrius and Phædrus,* Cambridge (Mass.), London 1984, S. 326.

einem seiner Bilder Prometheus selbst als Zwitter dargestellt.[1] Der Abirrung von Charlus, erklärt der Erzähler, lag sein ganzer Traum von Männlichkeit zugrunde. »Mittelalterlich« nennt er die Phantasie des Barons, die von Darstellungen der Geißelung Christi ebenso angeregt wurde wie von Bildern der Torturen in feudaler Zeit, insofern sei selbst am Fels des Materialismus das Geistige nicht gänzlich untergegangen.

Drei *à rebours* gelesene Geschichten illuminieren die himmelschreiende Szene: die Prometheussage, die Heilsgeschichte und das Lastenträgermärchen; die Strafe des Prometheus löst sich in Wollust auf, die Geißelsäule der Passion dient der Geilheit, und das Schicksal zweier Damen, die zur Strafe für den Mord an dem jungen Mann, den ihre Schwester liebte, in von dieser täglich zu geißelnde Hündinnen verwandelt wurden, bis sie am Ende durch eine gnädige Dämonin ihre menschliche Gestalt wiedererlangten, verkehrt sich in das heillose eines Mannes, der aus Liebe zu einem jungen Mann beinahe zum Mörder geworden wäre und deshalb mit Männern, die dem Geliebten ähnlich sehen, immerdar die Hündin mimt.

Auf die Schilderung der gotteslästerlichen Handlungen folgt die christliche Deutung des Erzählers, daß sich noch in der allerwahnsinnigsten Abirrung die Liebe erkennen läßt.[2] Einem ihm von Charlus hinterlassenen Brief, der ihm nach dessen Tod übergeben wurde, entnahm Marcel, daß der Baron vorgehabt hatte, Morel zu ermorden: »Einer von uns beiden mußte verschwinden.« Viel Hochmut und

[1] Ein in der Luft schwebender bleicher Jüngling mit braunen Locken und blondem Bart und weiblichem Geschlecht hält triumphierend eine Fackel in der Rechten, indes ein Geier mit dem Schnabel auf seine Leber weist. Die im musée Gustave Moreau ausgestellte Ölskizze hat die Inventarnummer Cat. 49.

[2] TR, 418. K, WZ, 218.

Literatur sei in dem ehrlichen Geständnis enthalten, kommentiert der Erzähler das Schreiben. Die Literatur ist der *Bibel von Amiens* entsprungen, der Hochmut ist der des sich selbst vergötternden Basilisken Charlus, der als seine Wappendevise den Psalmvers *Inculcabis super leonem et aspidem* angibt. Zuweilen bediene sich die unerforschliche Vorsehung der *Fehl* eines mittelmäßigen Wesens, um die Verfehlung eines hervorragenden Gerechten zu verhindern, schrieb er dem lieben Freund in unüberbietbarer Selbstherrlichkeit. Er habe Morel aus dem Schmutz auf die Höhe seines Niveaus zu erheben gesucht. Dieser aber sei, »statt zu Staub und Asche zurückzukehren, aus der jeder Mensch, das heißt der wahre Phönix, sich wieder erheben kann«, in den Schmutz zurückgekehrt, in dem die Viper auf dem Bauche krieche. Während die Aspisviper der Kathedrale ihre Ohren vor dem lebendigen Wort Gottes verschließt, schloß die Aspisviper Morel die ihren vor den Beschwörungen des Basilisken Charlus, ihn unbedingt aufzusuchen. Die kluge Vorsicht, durch die die Schlange ihrer Ermordung entging, hatte ihr in den Augen des Basilisken der himmlische Vater nach der Fürsprache des Erzengels Michael eingegeben, nicht etwa um sie zu retten, sondern zum Seelenheil des Barons. In Reue darüber, seinen Schutzheiligen über mehrere Jahre vernachlässigt und »den unzähligen Beweisen seiner Güte so wenig entsprochen zu haben, namentlich in meinem Kampf gegen das Böse«, dankt er seinem Erzengel »in der Fülle meines Glaubens und meiner Einsicht« für seine Fürsprache bei Gottvater.

»Die Hermeline meines Wappens werden nicht befleckt sein«, sollte Charlus am Ende schreiben, nach der Devise, die zum Emblem des Hermelins gehört: *malo mori quam fœdari,* »lieber tot als befleckt«, aber Proust strich den

Satz.[1] Das Wappen des Barons war schon besetzt. Entsprechend der Psalmdevise bildeten unter den Sohlen einer männlichen Figur ein Löwe und eine Schlange die »heraldische Stütze«. So endet der Brief ohne die unbefleckten schneeweißen Pelztierchen: »Auch ist es nun an mir zu verscheiden. Ihr treu Ergebener. *Semper idem,* P. G. Charlus.«[2] »Immer derselbe« im Hochmut und im Glauben. »Der Baron war nicht nur Christ, (...) sondern gottesfürchtig in mittelalterlicher Art und Weise. Für ihn war wie für die Bildhauer des 13. Jahrhunderts die christliche Kirche im lebendigen Sinn des Wortes von Scharen real geglaubter Wesen bevölkert: Propheten, Apostel, Engel, Heilige aller Art, die das fleischgewordene Wort, seine Mutter und ihren Gatten umgaben, Gottvater, alle Märtyrer und Kirchenväter, ganz so wie ihre Schar sich im Hochrelief der Vorhalle zusammendrängt oder das Schiff der Kathedralen füllt.«[3]

Immer derselbe und immer dasselbe Begehren. Noch im Schatten des Todes, als sein Augenlicht erloschen ist und Jupien den nach einem Schlaganfall gelähmten Greis im Rollstuhl schiebt, spürt dieser junge Männer auf, und grausamerweise läßt ihn Proust sich an einem zehnjährigen Knaben vergreifen, den der Erblindete der Stimme nach für erwachsen hält.[4]

[1] TR, 1236. Zum Emblem des Hermelins vgl. Albus 2002, S. 141.
[2] TR, 384 f. K, WZ, 167 f. [3] SG, 427. K, SG, 649.
[4] TR, 442 f. K, WZ, 254 f.

# IX
# Gesetze und Gezeiten

»Nichts ist beschränkter als die Lust und das Laster«, lautet die Lehre aus Jupiens Bordell. »In diesem Sinn kann man wirklich sagen, indem man den Sinn des Ausdrucks verändert, daß man sich immer im selben Circulus vitiosus dreht.«[1] Wie in Sodom, so in Gomorrha, dem Ort, mit dem Albertine in Verbindung steht. Von höllischer Eifersucht gequält, ist auch Marcel in einem Teufelskreis gefangen. Seine Liebe zu Albertine wächst in dem Maße, in dem sie sich ihm entzieht, und schwindet, wenn er über sie verfügt. »Je weiter das Verlangen fortschreitet, desto weiter entfernt sich der wirkliche Besitz, so daß man, wenn das Glück oder wenigstens die Abwesenheit von Leid gefunden werden kann, nicht die Befriedigung, sondern die fortschreitende Minderung, das endliche Erlöschen des Verlangens suchen soll. Man sucht zu sehen, was man liebt, man sollte suchen, es nicht zu sehen, denn einzig das Vergessen führt endlich das Erlöschen des Verlangens herbei.«[2]

Marcels Liebe schien erloschen, als Albertine entfloh und er heftiger denn je in Liebe zu ihr entbrannte. Sie ließ zwei Ringe zurück, einen mit und einen ohne Rubin, auf denen in gleicher Weise ein Adler dargestellt war. »Nie-

[1] TR, 406. K, WZ, 200. [2] AD, 33 f. K, DF, 54.

dergeschmettert betrachtete ich, die beiden Ringe in der Hand, diesen erbarmungslosen Adler, dessen Schnabel mein Herz marterte, dessen Flügel mit den erhaben hervortretenden Federn das Vertrauen davongetragen hatten, das ich meiner Freundin bewahrte, und unter dessen Krallen mein verwundeter Geist keinen Augenblick den Fragen entgehen konnte, die er sich unablässig in Bezug auf diesen Unbekannten stellte, dessen Namen der Adler zweifellos symbolisierte, ohne ihn mich lesen zu lassen, den sie zweifellos einst geliebt hatte und den sie zweifellos vor nicht langer Zeit wiedergesehen hatte, denn an jenem so holden, so traulichen Tag unserer gemeinsamen Spazierfahrt im Bois hatte ich zum ersten Mal den zweiten Ring gesehen, denjenigen, auf dem der Adler seinen Schnabel in die helle Blutlache des Rubins zu tauchen schien.«[1]

Ein wirklicher Ring liegt dem imaginierten zugrunde. Anfang Juni 1914 bargen Taucher aus dem Aeroplan am Meeresgrund den Leichnam von Alfred Agostinelli. Der Tote trug einen goldenen Siegelring mit den Initialen A. A. Ob das zweite A für Agostinelli stand oder für Anna, wie seine Lebensgefährtin hieß, war dem Ring nicht abzulesen. Auch in die goldenen Adlerringe waren Initialen eingraviert, A. S. für Albertine Simonet im ersten; welche Buchstaben im Rubinring hinzukamen, gibt der Erzähler nicht preis. Nach dem Tod Albertines ruft auf einem Gemälde in Venedig die Darstellung eines Adlers »neben einem der Apostel« in Marcel die Erinnerung an die beiden Ringe wach.[2] Der Proust-Forscher Alberto Beretta Anguissola fand das Bild im Museum der Kirche San Giorgio dei Greci. Die Ikone aus dem 14. Jahrhundert zeigt Christus in Herrlichkeit, umgeben von den vier geflügelten Lebewesen der Apokalypse, den

[1] AD, 48. K, DF, 76 f. [2] AD, 220. K, DF, 335.

Symbolen der vier Evangelisten: der Mensch stellt Matthäus dar, der Löwe Markus, der Stier Lukas und der Adler Johannes; am rechten und linken Rand sind die Halbfiguren der zwölf Apostel übereinander aufgereiht; der Adler zur Linken Christi weist mit leicht geöffnetem Schnabel auf die Halbfigur des Apostels Andreas.[1]

Die Adlerringe sind das Siegel der Liebe von Andrée und Albertine, ein Vogelfrauenpaar wie das von Montjouvain. Als Mademoiselle Vinteuil und ihre Gespielin vor dem Profanationsritus einander haschten, erschienen sie dem Voyeur mit ihren weiten flatternden Ärmeln, ihrem Kichern und Kreischen wie zwei verliebte Vögel. Was man in Sodom wie Blume und Hummel treibt, geschieht in Gomorrha auf Vogelart. Vor dem eigentlichen Akt wurde in Montjouvain der Vorhang zugezogen. Es bleibt dem Leser überlassen, sich die Paarung der Vögel in Erinnerung zu rufen, deren äußeres Geschlechtsteil bei Weibchen und Männchen identisch ist.

Wie ein Ketzerkonzil zum Abflug bereiter Vögel kam Marcel die kleine Schar der jungen Mädchen in Balbec vor, wenn sie sich an der Strandpromenade kreischend versammelten.[2]

Die Älteste der kleinen Schar, Andrée mit dem schwarzen Haar und den weißen Wangen, vergleicht er mit einer Kamelie in der Nacht, aber sie war »zu intellektuell, zu nervös, zu kränklich«, ihm zu ähnlich, als daß er sie hätte lieben können.[3] Hätte er nicht seit langem aufgehört, sich den Schnurrbart wegzurasieren, wäre seine Ähnlichkeit mit ihr »fast vollkommen« gewesen.[4] Als er Andrée nach

[1] Vgl. Alberto Beretta Anguissola, »Pèlerinages proustiens à Venise«, in: *Bulletin Marcel Proust* 44, 1994, S. 42–58.

[2] JF II, 150. K, SJM, 527.

[3] JF II, 295. K, SJM, 743. [4] AD, 129. K, DF, 198.

*Christus in Herrlichkeit mit den vier apokalyptischen Lebewesen,*
Tympanon des Königsportals von Chartres.
Aus: Mâle 1899, S. 7.

*Zwei Adler mit einem geschlagenen Hasen,*
antike griechische Münze.
Aus: *Works,* Bd. 20.

Albertines Tod über deren Liebesleben aushorchte, nahm er in ihr das Adlerhafte wahr, ohne den Vogel beim Namen zu nennen. Er fühlte sich wie ein »erstarrtes Tier, um das ein Vogel mit bannendem Blick langsam immer engere Kreise zieht, ohne es eilig zu haben, weil er sich sicher ist, sein Opfer, das ihm nicht mehr entrinnen wird, wann immer er will zu schlagen«.[1]

Aus der griechischen und aus der biblischen Quelle ist der Adler in Proust aufgestiegen. Beflügelt hat ihn zweifellos auch *Die Göttliche Komödie.* Gegen Morgen des Karfreitags träumte es Dante am Läuterungsberg, er werde, wie weiland Ganymed, von einem Adler, der über ihm mit ausgebreiteten goldenen Schwingen ein bißchen kreist und dann schrecklich wie ein Blitz auf ihn herabfährt, in die Feuersphäre entrissen. Als er am Ostersonntag auf der Bergeshöhe im irdischen Paradies angelangt war, sah er die vier apokalyptischen Lebewesen mit den Flügelfedern voller Augen, wie von Johannes bezeugt, »aber lest Ezechiel, der schildert, wie er sie aus dem kalten Norden mit Wind, mit Wolken und mit Feuer kommen sah«. In den Fixsternhimmel des himmlischen Paradieses aufgestiegen, wurde der geblendete Dante von Johannes über die Liebe befragt. Sein Bekenntnis in die richtigen Bahnen zu lenken war die »heilige Intention« des »Adlers Christi«.[2]

Die männliche Herrlichkeit des Adlers, sein Höhenflug, seine Weitsicht und Stoßkraft haben ihn zum Blitzträger des Zeus gemacht, in dessen Auftrag er die Leber oder das Herz des Prometheus zerfleischt, eine von Marcel beim Anblick der Ringe nachempfundene Pein. Erst die auferstandene Vergangenheit läßt ihn das Leid preisen und

[1] AD, 128. K, DF, 197.

[2] *La Divina Commedia,* erster Adler: II, 9,19; zweiter Adler: II, 29,91-101; dritter Adler: III, 26,49-54.

das Glück loben, weil es das Unglück möglich macht, aus dem sich das Werk speist. Für den Körper mag das Glück heilsam sein, »aber es ist der Kummer, der die Geisteskräfte entfaltet«.[1] »Jede Person, durch die wir leiden, kann von uns mit einer Gottheit verknüpft werden, von der sie nur ein fragmentarischer Reflex und eine unterste Stufe ist: einer Gottheit (Idee), die zu schauen uns sogleich Freude schenkt anstatt des vorherigen Leids. Die ganze Lebenskunst besteht darin, uns der Personen, durch die wir leiden, wie einer Stufe zu bedienen, die uns Zugang zu ihrer göttlichen Gestalt gewährt, und so unser Leben fröhlich mit Gottheiten zu bevölkern.«[2]

Der grausame Greifvogel des Göttervaters, der sich von den Innereien des gefesselten Lichtbringers nährt, wird am Ende von Herakles erlegt. Zeus mangelt es nicht an Adlern. Im Zweifelsfall nimmt er selbst Adlergestalt an und raubt den schönen Knaben Ganymed, der sein Mundschenk im Himmel sein soll. Ruskin bemerkt in seinen Adlerbetrachtungen, »how prosy the Greek eagles are after all«, im Gegensatz zu »Pisano's Eagle, San Giovanni Battista, Griffin tomb, etc.«. In diesen komme die Hoffnung auf Unsterblichkeit zum Ausdruck, die jenen fehle.[3]

Der sinnträchtige Adler der Apokalypse trägt nicht Blitze in der Kralle, sondern das lebendige Wort auf den ausgebreiteten Schwingen. Nach der Offenbarung des Johannes wurden der Tochter Zion »die beiden Flügel des

[1] TR, 484. K, WZ, 316.

[2] TR, 477. K, WZ, 306.

[3] *Works,* Bd. 20, S. 402. In den *Steinen von Venedig* erklärt Ruskin im Zusammenhang mit den vier apokalyptischen Lebewesen, »daß die ganze sichtbare Schöpfung nur ein vergängliches Symbol von ewigen und wahren Dingen ist« und »daß die ganze Welt und alles, was es hohes oder niedriges, großes oder kleines darin gibt, ein fortgesetztes Evangelium ist«. *Steine,* Bd. III, S. 177.

*Adler- und Löwenstudie* (nach dem Leben), John Ruskin.
Aus: *Works,* Bd. 21.

großen Adlers gegeben, damit sie in der Wüste an ihren Ort fliegen konnte. Dort ist sie vor der Schlange sicher und wird *eine Zeit und zwei Zeiten und eine halbe Zeit* lang ernährt«.[1] Wie schon Jesaja sagt: »Die aber, die dem Herrn vertrauen, / schöpfen neue Kraft, / sie bekommen Flügel wie die Adler.«[2] Der Adler fliege von allen Tieren am höchsten, schreibt Honorius von Autun in der Predigt zur Himmelfahrt, »und er ist die einzige Kreatur, die es wagt, ihren Blick in die Sonne zu versenken«.[3] Der Legende nach fliegen Adler im Alter so nah an die Sonne heran, daß ihr Greisengefieder verbrennt; dann stürzen sie sich in das Wasser einer bestimmten Quelle und tauchen verjüngt wieder daraus empor. In Psalm 103, Vers 5 besingt die Seele Davids den Herrn, »der dich ein Leben lang mit seinen Gaben sättigt; / wie dem Adler wird dir die Jugend erneuert«.

Auf Taufbecken taucht der Adler im Mittelalter als Sinnbild der Wiedergeburt durch die Taufe auf, während er auf den »Adlerpulte« genannten Lesepulten den Evangelisten Johannes symbolisiert. Nach der Lehre vom mehrfachen Schriftsinn, die im ersten Jahrhundert in Alexandrien jüdisch-hellenistischem Geist entsprang, ist der christliche Adler dreifach zu deuten. Die allegorische Auslegung stellt den Bezug zur Heilsgeschichte her, die tropologisch-moralische lehrt, was man tun soll, die anagogische eröffnet die jenseitige Dimension. Allegorisch stellt der Adler Johannes dar, »weil dieser uns sogleich in den Schoß der Gottheit versetzt, wie der Adler, der als einziges von allen Tieren der Sonne ins Angesicht schaut«, woraus die tropologisch-moralische Lehre hervorgeht, »daß der Christ den ewigen Dingen ins Auge schauen

[1] Offb 12,14. [2] Jes 40,31.
[3] Zit. nach Mâle 1899, S. 41.

*Italian Type of Eagle,* Stahlstich von Hugh Allen
nach einer Zeichnung von Ruskin.
Aus: *Works,* Bd. 20.

soll«.[1] Im anagogischen Sinn stellt der Adler die Himmelfahrt und das ewige Leben dar. Als Christus selbst erscheint er im *Ovid moralisé* des 14. Jahrhunderts und trägt den als vorweggenommenen Evangelisten Johannes gedeuteten Ganymed zum Himmel empor.

Den zur Sonne aufgestiegenen und ins Meer gestürzten Agostinelli, der in Albertine verborgen ist, hat Proust als Stern an den Himmel und als Adler ins Himmelreich versetzt. Stufenweise wird Marcel von seinem Schöpfer der Zugang zur göttlichen Gestalt Albertines gewährt. Wie Proust in der Beschreibung seiner Besichtigung der Kirchen der Normandie den ihn chauffierenden Agostinelli, der das Automobil so geschickt zu handhaben wußte, mit Sankt Cäcilie an der Orgel vergleicht, so erinnert die spielende Albertine am Pianola Marcel an diese Heilige und Patronin der Musik, wenn sie ihm nicht in ihrer Unerforschlichkeit als »große Göttin der ZEIT« erscheint, die ihn »in zwingender, grausamer und auswegloser Weise zur Suche nach der Vergangenheit einlud«.[2] Als er nicht ihre, aber die eigene Vergangenheit wiederfand, war klar, daß sie für ihn der adlerhafte Engel gewesen war, der in einem Gedicht von Baudelaire einen Ungläubigen belehrt:

*Un ange furieux fond du ciel comme un aigle,*
*Du mécréant saisit à plein poingt les cheveux,*
*Et dit, le secouant »Tu connaîtras la règle!*
*(Car je suis ton bon Ange, entends-tu?) Je le veux!*

*Sache qu'il faut aimer, sans faire la grimace,*
*Le pauvre, le méchant, le tortu, l'hébété,*

[1] Ebd. S. 36, 37. Zur Lehre vom mehrfachen Schriftsinn, der Mâle ein ganzes Kapitel gewidmet hat: S. 134-141.

[2] Pr, 888, sainte Cécile: 884. K, DG, 554, 549.

*Pour que tu puisse faire à Jésus, quand il passe,*
*Un tapis triomphal avec ta charité.*

*Tel est l'Amour! Avant que ton cœur ne se blase,*
*A la gloire de Dieu rallume ton extase;*
*C'est la Volupté vraie aux durables appas!«*[1]

Als Marcel den Adlerring mit Rubin bei jener traulichen Spazierfahrt im Bois zum ersten Mal an Albertines kleinem Finger sah, erkannte er den Adler nicht und sah die Ziselierungen rings um den Rubin als Kopf eines grimassierenden Mannes an.[2]

Die Verknüpfung Albertines mit Jesu Lieblingsjünger Johannes in Adlergestalt hat Proust im dürftigen Hinweis auf ein Apostelbild in Venedig verborgen, während die Andrées mit dem Apostel Andreas schon im Namen ge-

[1] In wörtlicher Übersetzung: »Ein wütender Engel stößt vom Himmel herab wie ein Adler, packt mit ganzer Faust das Haar des Ungläubigen, und spricht; ihn schüttelnd: ›Du wirst die Regel kennenlernen! (Denn ich bin dein guter Engel, hörst du?) Ich will es! Wisse: du sollst, ohne ein Gesicht zu schneiden, den Armen, den Bösen, den Verkrümmten, den Blöden lieben, damit du Jesus, wenn er kommt, aus deiner Liebe einen Triumphteppich machen kannst. Derart ist die Liebe! Bevor dein Herz abstumpft, entzünde an Gottes Glorie wieder deine Verzückung; das ist die wahre Wollust mit dauerhaften Reizen.‹«

Es ist eine Krux mit der Übersetzung von *charité,* die stets mit »Barmherzigkeit« wiedergegeben wird. *Caritas,* die höchste der drei theologischen Tugenden Glaube, Liebe, Hoffnung, meint die Gottesliebe, aus der die Nächstenliebe erwächst. Kein Wörterbuch der französischen Sprache führt unter den Synonymen von *charité* die Barmherzigkeit, *miséricorde,* auf. »In der Umgangssprache«, heißt es im *Grand Larousse de la langue française,* bezeichnet *charité* die Nächstenliebe, gemischt mit Mitgefühl *(compassion),* das uns dazu führt, ihm Gutes zu tun«. Proust schreibt über das Gedicht von Baudelaire, niemals sei etwas geschrieben worden, das weniger *charitable* sei, aber auch niemals etwas Stärkeres als diese Verse über die *Charité,* mit großem C und also eindeutig im Sinne der theologischen Tugend. CSB, 608. K, E, 422.

[2] Pr, 671. K, DG, 232.

geben ist. Über diesen belehrt uns die *Goldene Legende:* »Andreas ist verdolmetschet schön; oder antwortend; oder männlich, von Andros, das ist: Mann. Oder Andreas ist soviel wie antropos, Mensch, und kommt von ana, in die Höhe, und tropos, Kehrung: einer, der hinauf zum Himmel und zum Göttlichen gekehrt und zu seinem Schöpfer emporgerichtet war. Schön war er in seinem Leben; antwortend in weiser Lehre; männlich im Leiden; ein Mensch in seinem Ruhm.«[1]

Als Sinnbild des Menschen, der zum Lobpreis seines Schöpfers der Welt entsagt, hat Hildegard von Bingen den Adler der Offenbarung gesehen. »Du bist der Adler, der in die Sonne schaut«, schrieb sie an Bernhard von Clairvaux. Ihre Darstellung der vier apokalyptischen Lebewesen schließt mit einem Bekenntnis: »Dies ist es, was ich armselige Frau, krank und hinfällig von Kindesbeinen an, in einer geheimnisvollen und wahren Vision gesehen habe und was ich nun zu schreiben gezwungen bin. Auf mühseligem Krankenlager habe ich es mit Gottes Beistand zusammengestellt, um es den Vorstehern und Lehrern, die zum Dienste Gottes gezeichnet sind, zu zeigen. Wie in einem Spiegel sollten sie in diesem Schreiben betrachten, wer sie sind und was ihres Amtes ist.«[2] Nicht zufällig hat Proust die Straße in »Combray«, auf die man durch das Gartentor mit dem Bimmelglöckchen gelangt und die in Wirklichkeit rue des Trois Maries heißt, rue Sainte Hildegarde genannt.[3] Die rue Saint-Hilaire und die rue du

[1] *Legenda aurea,* S. 14 f.

[2] Zit. nach Heinrich Schipperges, »Die Engel im Weltbild Hildegards von Bingen«, in: *Verbum et Signum,* hrsg. von Hans Fromm, Wolfgang Harms, Uwe Ruberg, München 1975, Bd. 2, S. 112 f. Auf Hildegard von Bingen könnte Proust durch Huysman aufmerksam geworden sein, in *La Cathédrale* kommt sie mehrfach vor.

[3] DCCS, 48, 87 f. K, US, 72, 130 f. Genaugenommen kommt man

Saint-Esprit hat er beibehalten. Einer vierten erdichteten Straße verlieh er den Namen der Kirche von Illiers: rue Saint-Jacques. Saint-Hilaire, wie die Kirche in »Combray« heißt, wurde in Illiers während der Revolution zerstört.

Das Haus der Tante Leonie in »Combray« ist also vom Heiligen Geist und drei Heiligen umgeben: dem Kirchenlehrer Sankt Hilarius von Poitiers aus dem vierten Jahrhundert, dem Apostel Jakobus d. Ä., der im ersten Jahrhundert enthauptet wurde und dem man im neunten die Pilgermuschel als Attribut verlieh, die Proust mit der Madeleine verbindet, und von Sankt Hildegard, der Äbtissin, die im 12. Jahrhundert ihre Visionen festhielt. Von jenen, die für ihr Werk der Welt entsagen, schreibt Hildegard: »Auf dem freudvollen Pfade der Gebote Gottes schlafen diese Menschen nie ein, sie erklingen vielmehr im immerfort erneuerten Sehnen ihrer Seele wie eine tönende Tuba ... Und wenn ihr Werk einmal getan sein wird, dann werden sie auch nach dem Ende ihres Lebens nimmerdar aufhören, mit Lobpreis ihren Schöpfer zu rühmen!«[1]

Als die *Recherche* noch *Les intermittences du cœur* heißen sollte, schwebte Proust als Titel des zweiten Bandes *L'Adoration perpétuelle* vor. In seinen Entwürfen zum letzten Band taucht »L'Adoration perpétuelle« als Zwischentitel des ersten Teils der Matinee Guermantes auf, in dem Marcels »tote Tage« auferstehen und sich ihm in »Azurvisionen« offenbaren.[2] »Ewige Anbetung« heißt die meist in Klosterkirchen bei Tag und Nacht über lange Zeiträume fortgesetzte Andacht des Allerheiligsten, das in der Monstranz auf dem Altar ausgesetzt bleibt. Der *Grand*

durch das Gartentor zur kleinen place Lemoine, eine Straßenecke, an der die rue des Trois Maries und die rue Saint-Hilaire zusammenstoßen.

[1] Schipperges, S. 113. [2] DCCS, 165. K, US, 244.

*Larousse* von 1864 vermerkt zum Stichwort: »Andächtige Praxis von mehreren Frauenorden, die darin besteht, ununterbrochene Gebete sei es an das Allerheiligste, sei es an das Heilige Herz zu richten. (...) Auch eine seit wenigen Jahren in Paris eingesetzte Andacht wird *adoration perpétuelle* genannt. Jede der Kirchen und religiösen Gemeinschaften der Hauptstadt weiht reihum drei Tage lang der Zelebration zu Ehren der Eucharistie ein feierliches Gebet, (...) so daß das Allerheiligste das ganze Jahr hindurch ohne Unterbrechung ausgesetzt und angebetet ist.«

In der ewigen Anbetung des Allerheiligsten ist die Zeit aufgehoben wie in der Entfaltung einer Welt, die am Anfang der *Recherche* aus einer Tasse Tee aufsteigt. Am 2. Juli 1913 bedankte sich Proust bei dem Romancier Louis de Robert für dessen Lobeshymnen seiner Kunst. Eine könne er jedoch als solche nicht akzeptieren: die Rede von seiner Kunst des verschwindend Kleinen, des minutiösen Details. Was er mache, wisse er nicht, aber er wisse, was er machen wolle; also lasse er, außer in den Teilen, die er nicht liebe, alles Detail weg und halte sich an das, was ihm irgendein allgemeines Gesetz zu verraten scheine, »mit einem ähnlichen Sinn wie dem, nach welchem sich die Wandertauben richten«, fügt er in Klammern hinzu. »Da uns das aber niemals durch den Verstand offenbar wird, da wir es gewissermaßen aus den Tiefen unseres Unbewußten fischen müssen, ist es in der Tat verschwindend klein, da es fern und schwer wahrzunehmen ist, aber es ist mitnichten ein minutiöses Detail. Ein Gipfel in den Wolken kann indessen, wiewohl ganz klein, höher sein als eine nahe Fabrik. Verschwindend klein ist zum Beispiel, wenn Sie so wollen, der Geschmack des Tees, den ich zunächst nicht erkenne und in dem ich die Gärten von Combray wiederfinde. Aber das ist mitnichten ein minutiös beobachtetes Detail, sondern eine ganze Theorie des Gedächtnisses und der nicht direkt in logischen Begriffen verkündeten Erkenntnis.«[1]

Nach Art der frühen Flamen hat sich Proust in »Combray« als einsamer Fischer mit Strohhut versteckt, der am Ostermorgen unter dem Pont-Vieux »Wurzeln geschlagen hatte«. Der Erzähler wundert sich, wußte er doch im Ort genau, welcher Hufschmied sich unter der Uniform des Kirchendieners oder welcher Krämerlehrling sich unter dem Hemd des Chorknaben verbarg, »die einzige Person, deren Identität ich niemals aufzudecken vermochte, war dieser Fischer. Er mußte meine Eltern kennen, denn als wir vorübergingen, lüftete er den Hut. Ich wollte also nach seinem Namen fragen, aber man machte mir Zeichen, still zu sein, um den Fisch nicht zu verscheuchen.«[2]

Es war ein großer Fisch, dreitausendundneunundzwanzig Seiten lang in der Ausgabe der Pléiade. Über die Gesetze, die er mit seinem Wandertaubensinn erfaßte, hat Proust schon zur Jean-Santeuil-Zeit einen kleinen Essay geschrieben. Das Denken der geheimnisvollen Gesetze, lesen wir da, strebe im Dichter danach hervorzutreten, »denn alles, was dauern soll, trachtet danach, aus dem

[1] CSB, 419ff. K, E, 157ff. Im TR beklagt sich der Erzähler, daß niemand seine Skizzen verstehe. Selbst die seiner Wahrnehmung der Wahrheiten Gewogenen »beglückwünschten mich, diese mit dem ›Mikroskop‹ entdeckt zu haben, während ich mich im Gegenteil eines Teleskops bedient hatte, um Dinge wahrzunehmen, die in der Tat sehr klein waren, aber nur, weil sie in weiter Ferne waren und ein jedes eine Welt für sich. Da wo ich die großen Gesetze suchte, nannte man mich einen Detailkrämer«. TR, 618. K, WZ, 517.

[2] DCCS, 165. K, US, 244. In JF wird im Speisesaal des Hotels ein gewaltiger Fisch serviert, »eine Art Seeungetüm, dessen Leib mit den unzähligen Rückenwirbeln, den rosa und blauen Rippen, von der Natur erbaut worden war, aber nach einem architektonischen Plan wie eine polychromierte Meereskathedrale«. JF II, 54f. K, SJM, 385.

*Proust mit Strohhut um 1895.*
Bibliotheca Proustiana Reiner Speck.

hervorzutreten, was zerbrechlich, hinfällig ist und heute abend zugrundegehen oder nicht mehr fähig sein kann, sie ans Licht zu bringen«. Beim »schwindelerregenden und heiligen Geschäft« der Beseelung neuer Formen tauscht der Dichter seine Seele gegen die der Welt aus. Wenn Sie dann in sein Zimmer träten, sagt Proust dem Leser, »und ihn zwängen, wieder er selbst zu werden, welch ein Schlag!« Stumm darauf wartend, daß der Störenfried wieder geht, stünde er lächelnd da, »während sein Denken reglos verharrt wie die Meduse am Strand, die sterben wird, wenn die Flut sie nicht zurückholt«. Mit dem »Faden« der geheimnisvollen Gesetze ist das Glück des Dichters verknüpft. Wenn es ihm gelingt, »Formen zu gebären, in denen sich sein Gefühl für die geheimnisvollen Gesetze niedergeschlagen hat, kann er ohne Bedauern sterben, wie das Insekt, das sich auf den Tod vorbereitet, nachdem es alle seine Eier abgelegt hat«.[1]

Als etwas Göttliches und Unsterblichen ist allen sterblichen Lebewesen die Zeugung und das Gebären gegeben, lehrte Diotima den *Gastmahl*-Leser, im Dichter aber wohnt die Zeugungskraft mehr der Seele als dem Körper inne. Der in ihm wirkende Eros ist ein Dämon, kein Gott, ein Vermittler zwischen Göttern und Menschen, der zu übersetzen und zu überbringen vermag, was den Menschen von den Göttern kommt und den Göttern von den Menschen, ein Versöhner des Sinnlichen und des Intelligiblen, ein Philosoph, in der Mitte zwischen Sterblichkeit und Unsterblichkeit, Weisheit und Unwissenheit. Als Sohn des listenreichen *Poros* (Ausweg, Weg) und *Penia,* der verkörperten Armut und Dürftigkeit, ist Eros gemäß der Bettlernatur seiner Mutter arm, rauh, unbeschuht, unbehaust, stets begleitet von Bedürftigkeit, während er nach der Metisnatur seines Vaters überall dem Schönen auflauert, mannhaft, kühn und feurig, ein Jäger ersten Ranges, ein wißbegierig und unermüdlich Kniffe erfindender, um keinen Ausweg verlegener Zauberer, Behexer und Sophist. Aus Gegensätzen hervorgegangen und mit Gegensätzlichem begabt, zeichnet sich auch seine Befindlichkeit durch Gegensätze aus. Das hat Proust bei der Beschreibung jenes Knaben, der das Schöpferische in ihm verkörpert, aus dem *Gastmahl* übernommen. Der »intermittierende« Knabe mit dem außerordentlichen Gespür für die feine Harmonie zwischen zwei Eindrücken, zwei Ideen, der von diesen Harmonien lebt, »die er gewissermaßen erschafft«, wobei er »sich aufrichtet, aufsprießt und wächst (...) und alsdann stirbt, da er nur von ihnen leben

[1] »Die Poesie oder die geheimnisvollen Gesetze«, CSB, 419ff. K, E, 157f.

kann«, jedoch aufersteht, »wenn sich eine andere Harmonie zeigt«, der augenblicklich im Besonderen stirbt und augenblicklich im Allgemeinen wieder zu leben beginnt, ist der von Diotima geschilderte Eros, der an demselben Tag bald blüht und gedeiht, bald hinstirbt und wieder auflebt, wenn er dank seiner Porosgaben den Ausweg findet.[1]

Ausweglos ist die Liebe derer, die ihre eigene Hälfte suchen, belehrt der in Diotima geschlüpfte Sokrates die Freunde und weist das Hohelied der Homosexualität des Aristophanes zurück. Die Liebe zielt weder auf die Hälfte noch auf das Ganze, wenn beides nicht auch ein Gutes ist, sie ist auch nicht auf das Schöne aus, sondern auf das Erzeugen und Hervorbringen im Schönen, das vom Guten nicht zu trennen ist. Das Gute aber ist nichts Geringeres als die Unsterblichkeit, nach der die Liebe strebt. Die sterbliche Natur setzt alles daran, ewig zu sein, und vermag es nur durch Erzeugung, so »daß immer ein neues Junges zurückbleibt anstelle des alten. Denn auch von jedem einzelnen Lebewesen sagt man, es lebe und sei dasselbe, wie man von frühester Kindheit an bis ins Greisenalter jemanden als denselben bezeichnet. Dieser nun, der niemals dasselbe an sich hat, wird dennoch derselbe genannt. Tatsächlich wird er fortwährend ein Neuer, und das Alte verliert er – Haare, Fleisch, Knochen, Blut, kurz den ganzen Körper. Und das gilt nicht nur in Bezug auf den Körper, sondern auch in Bezug auf die Seele: die Gewohnheiten, der Charakter, Meinungen, Begierden, Lüste, Sorgen, Ängste – von diesem bleibt nie etwas in jedem sich gleich, sondern das eine entsteht, das andere vergeht. Viel seltsamer noch als dieses aber ist, daß auch die Erkenntnisse nicht nur teils entstehen, teils vergehen in uns und wir niemals dieselben sind in Bezug auf die Er-

[1] »Notizen zu Literatur und Kritik«, CSB, 304. K, GSB, 221 f.

kenntnisse, sondern daß auch jeder einzelnen Erkenntnis dasselbe widerfährt. Denn was man Nachsinnen nennt, das bezieht sich auf eine entschwundene Erkenntnis. Vergessen nämlich ist das Verschwinden einer Erkenntnis, Nachsinnen aber wiederum bewirkt anstelle des entschwundenen ein neues Innewerden und erhält die Erkenntnis, so daß sie dieselbe zu sein scheint. Denn auf diese Weise wird alles Sterbliche erhalten, nicht etwa dadurch, daß es schlechterdings immer dasselbe bleibt wie das Göttliche, sondern dadurch, daß das Fortgehende und Veraltende stets ein Neues, von gleicher Art wie es selbst, zurückläßt. Durch diese Einrichtung, Sokrates, hat das Sterbliche an der Unsterblichkeit teil, der Körper und auch alles übrige. Auf andere Weise aber wäre es unmöglich.«[1]

Die alte Weisheitslehre hat sich in der *Recherche* in einem neuen Licht entfaltet. Mit der Erkenntnis, daß »unser permanentes Ich, das während der ganzen Dauer unseres Lebens fortwährt«, wie auch »alle unsere sukzessiven Ichs, die es letztlich zum Teil ausmachen«, dem Altern ebenso ausgesetzt sind wie unser Leib, endet *Albertine disparue.* In der *Wiedergefundenen Zeit* gelangt Marcel zu der Einsicht, »daß Sterben nicht etwas Neues ist, sondern daß ich im Gegenteil von meiner Kindheit an schon etliche Male gestorben war. (...) Diese aufeinanderfolgenden Tode, die das Ich, das sie vernichten sollten, so sehr gefürchtet hatte, die sich, einmal vollendet, als gleichgültig und sanft erwiesen, wenn der, der sie fürchtete, nicht mehr da war, sie zu verspüren, hatten mir seit einiger Zeit klargemacht, wie wenig weise es wäre, vor dem Tod

[1] *Symposion,* übers. und hrsg. von Barbara Zehnpfennig, Hamburg 2000, S. 95 f. In diesem Abschnitt der Unterweisung Diotimas kommt die präzise Übersetzung von Zehnpfennig der *Recherche* näher als die Kassners.

in Schrecken zu geraten«. Die Liebe aber ist, als ein »Anteil unserer Seele, unzerstörbarer als die verschiedenen Ichs, die nacheinander in uns sterben«. Die vergängliche Liebe zu einer Gilberte, einer Albertine »muß sich von den Wesen loslösen, um dadurch die Allgemeingültigkeit wiederherzustellen und diese Liebe, das Verständnis dieser Liebe allen, dem universellen Geist zu schenken und nicht der einen und dann der anderen, in welchen erst der eine, dann der andere derer, die wir gewesen waren, sich hätten auflösen mögen«.[1]

Die Selbstauflösung im Anderen ist eine Schimäre. Die individuellen Schranken fallen einzig im Akt der Schöpfung eines Werks. Wenn es aus dem tiefsten Seelengrund hervorgegangen ist, aus dem Hieroglyphenreich des Unbewußten, gehört es in »nicht zusammenstimmender Identität« und »harmonischer Verschiedenartigkeit« zu dem einen Baum, der seit Menschengedenken alle Poesie trägt. »Von einem einzigen Dichter, der seit Anbeginn der Welt währt«, scheinen alle wahren Werke zu stammen. »Die Hügel, die du so gut beschrieben hast«, sagt sich der Erzähler in einer Skizze zur *Wiedergefundenen Zeit,* könnten »reibungslos in die Wiese von Tolstoi übergehen, die Lewin mäht«.[2]

In der endgültigen Fassung kommt Tolstoi nicht vor, aber an zwei Stellen der Matinee Guermantes drängt sich dem Leser der Name des von Proust so bewunderten Romanciers auf. Zuerst bei der Löffelepiphanie. Das Geräusch des gegen den Teller schlagenden Löffels klang in Marcels Ohren wie das von dem Hammer eines Bahnarbeiters erzeugte, der gegen das Rad des Zuges schlug, in dem Marcel einst saß. In *Anna Karenina* haben die

[1] AD, 1145, TR, 615, TR, 476. K, DF, 412 f., WZ, 512, WZ, 304.
[2] TR, 859 (Esquisse XXXV) und TR, 831 (Esquisse XXIV).

Hammerschläge, mit denen ein Bahnarbeiter die Räder des Zuges überprüft, einen tiefen symbolischen Sinn. Das Geräusch erklang zu Beginn von Annas verbotener Liebschaft, suchte sie in Albträumen heim, nachdem sie sich Wronskij hingegeben hatte, und drang ihr noch ins Ohr, als die Eisenräder des Güterwagens sie zermalmten.[1] Bevor sie sich unter den Zug warf, stand durch die Wiederholung einer Geste ihre Kindheit wieder auf: »Sie bekreuzigte sich. Die gewohnte Gebärde des Bekreuzens rief in ihrer Seele eine ganze Reihe von Erinnerungen aus der Mädchen- und Kinderzeit wach, und plötzlich zerriß die Finsternis, die bisher alles vor ihren Blicken verhüllt hatte, und das Leben zeigte sich ihr für einen Augenblick mit all seinen lichten, längst vergangenen Freuden.«[2]

Für Wronskij wie für Marcel war die Betrachtung des Körpers der Geliebten mit Mordgedanken verbunden, die dem einen der Schuld, dem anderen der Eifersucht entsprangen. Wie ein Liebender aus Eifersucht zum Mörder wird, hat Tolstoi in der *Kreutzersonate* dargestellt, der finstersten seiner Erzählungen. Eben diese Beethovensonate kommt am Rande des grausigen Greisenballs vor, wo die Gäste der »Marter« des »andächtigen Lauschens« der *Kreutzersonate* ausgesetzt sind, die ein junger Mann für ein Stück von Ravel hält, von dem man ihm gesagt hatte, es sei so schön wie Palestrina, aber schwer zu verstehen.[3]

Das Werk Tolstois verdanke sich nicht der Beobachtung, sondern geistiger Konstruktion, schreibt Proust. Der Eindruck von Kraft und Leben rühre gerade daher, daß es nicht beobachtet sei, daß man vielmehr spüre – da jede Gebärde, jedes Wort, jede Handlung lediglich die

[1] Vgl. Vladimir Nabokov, *Die Kunst des Lesens. Meisterwerke der russischen Literatur,* übers. von Karl A. Klewer, Frankfurt a. M. 1984, S. 201-315.

[2] *Anna Karenina,* Siebter Teil, Kap. 31. [3] TR, 602 f. K, WZ, 494.

Bedeutung eines Gesetzes habe –, wie man sich innerhalb einer Vielzahl von Gesetzen bewege.[1]

Die nicht aus Beobachtung bestehende Kunst sei die einzig wirklich lebendige, heißt es in der *Wiedergefundenen Zeit.* »Sie allein drückt unser eigenes Leben für die anderen aus und stellt es uns selbst vor Augen, jenes Leben, das sich nicht beobachten läßt, dessen beobachtete Erscheinungen erst übersetzt und oft *à rebours* gelesen und mühevoll entziffert werden müssen.«[2]

Aller Kräfte des Geistes und sogar des Körpers bedarf es, diese Entzifferung zu vollbringen. Proust vergleicht es »mit der umsichtigen, gelehrigen, kühnen Anstrengung, die jemand benötigt, der noch im Schlaf diesen mit dem Verstand untersuchen möchte, ohne durch solchen Eingriff das Erwachen herbeizuführen«.[3]

Der einzige Ort, an dem diese paradox anmutende Aufgabe vollbracht werden kann, ist der Elfenbeinturm, in den der Schriftsteller sich einschließt wie die Bienen in ihre Wachswaben oder die Raupen in ihren Kokon. Die Worte Nehemias, die er als Baumeister der Mauer von Jerusalem von seiner Leiter herabrief, sollten die Devise aller Künstler sein: *»non possum descendere magnum opus facio«.*[4]

Im Inneren des Menschen wohnt die Wahrheit, deren Entzifferung die *Suche nach der verlorenen Zeit* darstellt. Wie sie zu lesen ist und wie man sie verkennt, hat Proust im Februar 1914 in einem Brief an Jacques Rivière dargelegt:

»Endlich finde ich einen Leser, der *errät,* daß mein Buch ein dogmatisches Werk ist und eine Konstruktion. (…) Als Künstler habe ich es für redlicher und feinfühliger gehalten, nicht sichtbar werden zu lassen, nicht an-

[1] CSB, 658. K, E, 498. [2] TR, 475. K, WZ, 302.
[3] CSB, 641. K, E, 472. [4] TR, 838 (Esquisse XXVII).

zukünden, daß es mir gerade auf die Suche nach der WAHRHEIT ankomme, noch worin sie für mich besteht. Ich verabscheue derart die ideologischen Werke, in denen die Erzählung nur ein fortwährendes Scheitern der Absichten des Autors ist, daß ich es vorgezogen habe, nichts zu sagen. Erst am Ende des Buches, wenn die Lehren des Lebens verstanden worden sind, wird sich mein Denken enthüllen. Was ich am Ende des ersten Bandes ausdrücke, (...) ist das *Gegenteil* meiner Schlußfolgerung. Es ist eine Etappe, scheinbar subjektiv und dilettantisch, auf dem Weg zur objektivsten und gläubigsten aller Folgerungen. Wenn man daraus schlösse, mein Denken sei desillusionierter Skeptizismus, so wäre das genauso, als würde ein Zuschauer, der am Ende des ersten Aktes von *Parsifal* gesehen hat, wie dieser von der Zeremonie nichts begreift und von Gurnemanz davongejagt wird, annehmen, Wagner habe damit sagen wollen, die Einfalt des Herzens führe zu nichts. (...) Nein, hätte ich keinen geistigen Glauben, suchte ich mich lediglich zu erinnern und durch diese Erinnerungen hindurch die gelebten Tage doppelt zu nützen, nähme ich, so krank wie ich bin, mir nicht die Mühe zu schreiben. Aber diese Entfaltung des Denkens wollte ich nicht abstrakt zergliedern, sondern wiedererschaffen, zum Leben bringen. Ich bin also gezwungen, die Irrtümer zu schildern, ohne, wie ich glaube, sagen zu dürfen, daß ich sie für Irrtümer halte; schlimm genug für mich, wenn der Leser glaubt, ich hielte sie für die Wahrheit. Der zweite Band wird dieses Mißverständnis noch deutlicher machen. Ich hoffe, der letzte wird es ausräumen.«[1]

Wie Saint-Simon seinem Memoirenwerk die Wahrheit vorangestellt hat, »daß hienieden nicht die Glückseligkeit,

[1] *Lettres,* S. 667 f.

*Idolatrie,* Notre-Dame de Chartres, Südportal.
Photo: Karen von Bismarck.

ja nicht einmal die Ruhe zu finden ist«,[1] so hat Proust ans Ende seiner Memoiren die Wahrheit gestellt, daß hienieden nichts besseres zu finden ist als das Leid. Man kann sich keine Lehre vorstellen, die einer Welt der vertriebenen Zeit unerträglicher wäre. Es heißt, die Kunst sei die Religion von Proust, als habe er seine Verachtung der Ästheten und Dilettanten nicht deutlich genug zum

[1] »Die Geschichte seines Landes und seiner Zeit zu schreiben, heißt mit viel Reflexion all das, was man gesehen, in Händen gehabt oder aus erster Quelle erfahren hat – was auf dem Schauplatz der Welt vorüber-

Ausdruck gebracht, die Idolatrie nicht als ein Gebrechen des menschlichen Geistes angesehen. Die Bildhauer der Kathedralen von Chartres, Amiens und Paris haben die Idolatrie als einen Menschen dargestellt, der ein affenartiges Wesen mit einem Gesicht auf dem Unterleib anbetet. Vor der Selbstvergötterung, die aller Vergötzung zugrundeliegt, war Proust gefeit. Kein »ich« ist bei der Hieroglyphenentzifferung am Werk. »Der Schriftsteller ist nur der Ort, an dem sich die Gedanken bilden, die selbst fortwährend die notwendige und einzige Form, in der sie sich verkörpern, wählen, erzeugen und wieder abschließen.«[1]

gezogen ist, die verschiedenen Ränke, oft scheinbare Nichtigkeiten, die die geheime Triebfeder der weiterwirkenden und zukunftsträchtigen Ereignisse gewesen sind –, vor seinem Geiste Revue passieren zu lassen; es heißt, sich selbst Schritt für Schritt das Nichts der Welt, ihrer Ängste, ihrer Begierden, ihrer Hoffnungen, ihrer Mißgeschicke, ihrer Glücksfälle, ihrer Mühen vor Augen zu führen; es heißt, sich von der Nichtigkeit von allem durch die Kürze und Flüchtigkeit aller Dinge und des Menschenlebens zu überzeugen; es heißt, sich lebhaft in Erinnerung zu rufen, daß keiner der Glücklichen dieser Welt glücklich war und daß hinieden nicht die Glückseligkeit, ja nicht einmal die Ruhe zu finden ist.« Louis de Rouvroy, duc de Saint-Simon, *Mémoires,* édition établie par Yves Coirault, Paris 1983, Bd. I, S. 15.

[1] SL, 85, Fn. 1 (note du traducteur).

*Portail Sainte-Anne.*
Photo: Giraudon.

*Aus der Finsternis erbettelt (der Weise) und lockt hervor den Glanz, aus der Mög-lichkeit die Wirklichkeit, aus dem Anfang das Ende, aus dem Eingepfropften das Werk, aus der Natur den Verstand, aus dem Entwurf das Vollendete, aus dem Teil das Ganze und aus dem Samen schließlich die Frucht. Denn in dieser Hinsicht ahmt er jenen berühmten Prometheus nach.*

CHARLES DE BOVELLES

# X
# Das Rote Portal

In jener Nacht im Januar 1913, in der sich Proust im Pelz über dem Nachthemd zum Roten Portal der heiligen Anna von Notre-Dame begab, suchte er auch die Apostel der Sainte-Chapelle auf. Sechs Jahre waren vergangen, seit ihn Agostinelli zu den Kirchen der Normandie chauffiert hatte, sieben Wochen seit Agostinellis Flucht. Daß nichts und niemand den Entflohenen zur Rückkehr bewegen würde, war noch nicht ausgemacht. In den 1907 im *Figaro* erschienenen »Impressions de route en automobile« hatte Proust seinen Chauffeur mit den Aposteln der Sainte-Chapelle verglichen, die, wie dieser das Lenkrad, ein radförmiges Weihekreuz in den Händen

*Apostel mit Weihekreuz,* Sainte-Chapelle.
Aus: Mâle 1899, S. 20.

halten. Die Attribute der Heiligen an den Portalvorhallen, »Rad, Harfe, Sense, Rost, Jagdhorn oder Pinsel«, seien im allgemeinen dazu bestimmt, an die Kunst zu erinnern, in der die Heiligen in ihrem Leben hervorgetreten waren, aber mitunter stellten sie auch das Werkzeug dar, das ihren Tod bewirkt hatte. »Möge das Lenkrad des jungen Chauffeurs«, schrieb er sieben Jahre vor dessen Tod, »stets das Symbol seiner Begabung bleiben und nicht sein Martyrium präfigurieren«.[1] Das Böse, das wir uns selbst und den anderen antun, ist das Böse, lehrte ihn die Lektüre von George Eliot, das Böse, das uns widerfährt, hingegen, »ist oft die Voraussetzung eines größeren Guten, das Gott uns geben wollte«.[2]

Keine heilige Cäcilie oder »Nonne der Geschwindigkeit«, kein Apostel am Lenkrad richtete, wie einst in Lisieux, die Scheinwerfer auf die Skulpturen von Notre-Dame, als sich Proust in das Portal Sainte-Anne vertiefte. Er sah das der Gottesgroßmutter geweihte Portal im fahlen Licht des Mondes, in dem »alle Dinge verstärkt und entrückt« erscheinen.[3] Sehen wir uns an, worauf seine teleskopischen Eulenaugen gerichtet waren. Im Tympanon thront die gekrönte Jungfrau in Herrlichkeit mit einem blühenden Zepter; das segnende Jesuskind auf ihrem Schoß hält in der Linken das aufgeschlagene Gesetzbuch; zwei Engel schwenken neben ihnen ein Weihrauchfaß; der knieende König hinter dem rechten Engel soll der Merowinger Childebert I. sein, der Bischof, der hinter dem linken Engel steht, Saint Germain; welcher Geistliche hinter dem Bischof auf einem Bänkchen sitzt und was er in einem Buch niederschreibt, haben die Kunsthistoriker

[1] CSB, 67. K, NV, 92.
[2] CSB, 657. K, E, 497.
[3] DCCS, 32. K, US, 49.

*Tympanon.*
Photo: Karen von Bismarck.

*Laibungsbögen.*
Photo: Karen von Bismarck.

*Linkes Gewände: Elia, Witwe von Sarepta, Salomo, Sankt Petrus.*
Photo: Karen von Bismarck.

*Rechtes Gewände: Sankt Paulus, David, Sibylle, Jesaja.*
Photo: Karen von Bismarck.

*Saint Marcel und der Drache.*
Photo: Karen von Bismarck.

bislang nicht enträtselt; im Türsturz unter dem Tympanon sind Szenen aus dem Leben der Jungfrau und ihrer Mutter Anna dargestellt; in den Laibungsbögen schweben die Engel, Propheten, Könige und Greise der Apokalypse, der himmlische Hofstaat; die Pfeilerfiguren unter den Laibungsbögen stellen zur Linken Elia, die Witwe von Sarepta, Salomo und Sankt Petrus dar, zur Rechten Sankt Paulus, David, die Sibylle und Jesaja; den Mittelpfeiler des Portals bildet der berühmte Bischof von Paris aus dem fünften Jahrhundert: Saint Marcel. Nach der Legende trieb zu seiner Zeit ein blutrünstiger Drache, der in dem Grab einer Ehebrecherin hauste, auf dem Friedhof vor der Stadt sein Unwesen. Saint Marcel führte das Volk dorthin, trat der Bestie unerschrocken entgegen und schlug ihr mit dem Krummstab dreimal auf den Kopf. Da neigte das Untier ehrfurchtsvoll sein Haupt und ließ sich vom Bischof dessen Stola um den Hals legen. So führte Saint Marcel es fort und befahl ihm, sich in die Wüste oder ins Meer zu begeben. Das Ungeheuer ward nie mehr gesehen, aber die Erinnerung an seine Zähmung lebte dank einer jährlichen Prozession fort, bei der ein geflochtener Korb in Drachengestalt durch Paris getragen wurde. Zu Füßen des steinernen Saint Marcel ist der geflügelte Drache zu sehen, wie er gerade aus dem Grab der Ehebrecherin steigt und sich den Krummstab in den Rachen stoßen läßt.

Sanct Marcellus hielt, was sein Name versprach. Laut *Legenda aurea* soll er sich von *arcens malum a se* ableiten, »das ist: einer, der das Böse von sich vertreibet. Oder es heißt so viel wie *maria percellens,* das ist einer, der das Meer darniederschlägt, das ist: die Widerwärtigkeit der Welt zertritt und überwindet«.[1] Den Drachen hat Marcellus,

[1] *Legenda aurea,* S. 121.

wie in Psalm 91,13 prophezeit, überwunden.[1] Ob er auch die Aspis, den Basilisken und den Löwen niedertrat, ist nicht überliefert. Die Bestien statt mit dem Krummstab mit der Feder zu zähmen, war dem auferlegt, der eintausendundvierhundert Jahre nach Saint Marcel in Paris als Fischer, Bäcker, Schneider und Baumeister tätig war.

[1] In dem der Prophezeiung vorausgehenden Vers wird dem, der »im Schutz des Höchsten wohnt / und ruht im Schatten des Allmächtigen« verheißen: »Sie (die Engel) tragen dich auf ihren Händen, / damit dein Fuß nicht an einen Stein stößt« (Ps 91,12, Vulgata 90,12). Statt Marcel auf Händen zu tragen, sorgten die Engel für einen Stein des Anstoßes auf seinem Weg, damit er zum Stein der Auferstehung werde. Der »Stein des Anstoßes« ist im Alten und im Neuen Testament Sinnbild des Herrn, an dem sich die Ungläubigen stoßen (Jes 8,14; Röm 9,32 f.).

# ABGEKÜRZT ZITIERTE LITERATUR

AD = *Albertine disparue,* texte présenté, établi et annoté par Anne Chevalier. *À la recherche du temps perdu,* III, édition publiée sous la direction de Jean-Yves Tadié, Paris, Bibliothèque de la Pléiade, 1989.

Albus 1997 = Anita Albus, *Die Kunst der Künste. Erinnerungen an die Malerei,* Frankfurt a. M. 1997.

Albus 2007 = Anita Albus, *Das botanische Schauspiel,* Frankfurt a. M. 2007.

BA = John Ruskin, *La Bible d'Amiens,* traduction, notes et préface par Marcel Proust, Paris 1904.

Bonnier = Gaston Bonnier, *Les plantes des champs et des bois. Excursions botaniques. Printemps – Été – Automne – Hiver,* Paris 1887.

CG = *Le Côté de Guermantes,* I & II, texte présenté, établi et annoté par Thierry Laget et Brian Rogers. *À la recherche du temps perdu,* II, édition publiée sous la direction de Jean-Yves Tadié, Paris, Bibliothèque de la Pléiade, 1988.

Corr. = Marcel Proust, *Correspondance,* éditée par Philip Kolb, Paris 1971-1993, 21 volumes.

CSB = *Contre Sainte-Beuve,* texte établi, présenté et annoté par Pierre Clarac, précédé de *Pastiches et mélanges* et suivi de *Essais et articles,* Paris, Bibliothèque de la Pléiade, 1971.

Darwin = Charles Darwin, *Die verschiedenen Einrichtungen durch welche Orchideen von Insecten befruchtet werden,* aus dem Englischen übers. von J. Victor Carus, 2. durchgesehene Aufl., Stuttgart 1877.

DCCS = *Du côté de chez Swann,* texte introduit par Pierre-Louis Rey et Jo Yoshida, établi et annoté par Francine Goujon. *À la recherche du temps perdu,* I, édition publiée sous la direction de Jean-Yves Tadié, Paris, Bibliothèque de la Pléiade, 1987.

JF = *À l'ombre des jeunes filles en fleurs,* texte présenté, établi et annoté par Pierre-Louis Rey. *À la recherche du temps perdu,* I, II, édition publié sous la direction de Jean-Yves Tadié, Paris, Bibliothèque de la Plèiade, 1987, 1988.

*Flore de France* = Gaston Bonnier, *Flore complète illustrée en couleur de France, Suisse et Belgique,* Paris 1911-1935.

JS = *Jean Santeuil,* texte établi, présenté et annoté par Pierre Clarac, précédé de *Les Plaisirs et les jours,* Paris, Bibliothèque de la Pléiade, 1971.

K, DF = *Die Flüchtige,* übersetzt von Eva Rechel-Mertens; revidiert von Luzius Keller und Sibylla Laemmel. *Auf der Suche nach der verlorenen Zeit,* Bd. 6, Frankfurt a. M. 2004.

K, DG = *Die Gefangene,* übersetzt von Eva Rechel-Mertens; revidiert von Luzius Keller und Sibylla Laemmel. *Auf der Suche nach der verlorenen Zeit,* Bd. 5, Frankfurt a. M. 2004.

K, E = *Essays, Chroniken und andere Schriften,* übersetzt von Henriette Beese, Luzius Keller und Helmut Scheffel, Frankfurt a. M. 1992.

K, G = *Guermantes,* übersetzt von Eva Rechel-Mertens, revidiert von Luzius Keller und Sibylla Laemmel. *Auf der Suche nach der verlorenen Zeit,* Bd. 3, Frankfurt a. M. 2004.

K, GSB = *Gegen Sainte-Beuve,* übersetzt von Helmut Scheffel, hrsg. von Mariolina Bongiovanni Bertini in Zusammenarbeit mit Luzius Keller, Frankfurt a. M. 1997.

K, JS = *Jean Santeuil,* übersetzt von Eva Rechel-Mertens, revidiert und ergänzt von Luzius Keller, hrsg. von Mariolina Bongiovanni Bertini, Frankfurt a. M. 1992.

K, NV = *Nachgeahmtes und Vermischtes,* übersetzt von Henriette Beese, Ludwig Harig und Helmut Scheffel, hrsg. von Luzius Keller, Frankfurt a. M. 1989.

K, NW = *Nachgelassenes und Wiedergefundenes,* übersetzt von Melanie Walz, hrsg. von Luzius Keller, Frankfurt a. M. 2007.

K, SG = *Sodom und Gomorrha,* übersetzt von Eva Rechel-Mertens; revidiert von Luzius Keller und Sibylla Laemmel. *Auf der Suche nach der verlorenen Zeit,* Bd. 4, Frankfurt a. M. 2004.

K, SJM = *Im Schatten junger Mädchenblüte,* übersetzt von Eva Rechel-Mertens; revidiert von Luzius Keller und Sibylla Laemmel. *Auf der Suche nach der verlorenen Zeit,* Bd. 2, Frankfurt a. M. 2004.

K, US = *Unterwegs zu Swann,* übersetzt von Eva Rechel-Mertens, revidiert von Luzius Keller. *Auf der Suche nach der verlorenen Zeit,* Bd. 1, Frankfurt a. M. 2004.

K, WZ = *Die wiedergefundene Zeit,* übersetzt von Eva Rechel-Mertens; revidiert von Luzius Keller. *Auf der Suche nach der verlorenen Zeit,* Bd. 7, Frankfurt a. M. 2004.

*Legenda aurea* = *Die Legenda aurea des Jacobus de Voragine,* aus dem Lateinischen übersetzt von Richard Benz, Heidelberg 1984.

*Lettres* = Marcel Proust, *Lettres (1879-1922),* sélection et annotation revue par Françoise Leriche avec le concours de Caroline Szylowicz à partir de l'èdition de la *Correspondance de Marcel Proust* établi par Philip Kolb, Paris 2004.

Maeterlinck = Maurice Maeterlinck, *L'Intelligence des fleurs,* Paris 1907.

Mâle 1899 = Émile Mâle, *L'Art religieux du XIII$^{e}$ siècle en France,* Paris 1899.

Mâle 1948 = Émile Mâle, *Notre-Dame de Chartres,* Paris 1948, tb 1994, zitiert nach der Taschenbuchausgabe.

*Pflanzenleben* = Anton Kerner von Marilaun, *Pflanzenleben,* Leipzig und Wien 1891.

Pr = *La Prisonnière,* texte présenté, établi et annoté par Pierre-Edmond Robert. *À la recherche du temps perdu,* III, édition publié sous la direction de Jean-Yves Tadié, Paris, Bibliothèque de la Pléiade, 1988.

Rolland = Eugène Rolland, *Flore populaire ou Histoire naturelle des plantes dans leurs rapports avec la linguistique et le folklore,* Paris 1896-1914.

*Sachs-Villatte* 1899 = *Sachs-Villatte encyclopädisches Wörterbuch der französischen und deutschen Sprache,* Berlin 1899.

SG = *Sodome et Gomorrhe,* texte présenté, établi et annoté par Antoine Compagnon. *À la recherche du temps perdu,* III, édition publiée sous la direction de Jean-Yves Tadié, Paris, Bibliothèque de la Pléiade, 1988.

SL = John Ruskin, *Sésame et les Lys,* traduction, notes et préface par Marcel Proust, Paris 1906.

*Steine* = John Ruskin, *Die Steine von Venedig,* hrsg. von Wolfgang Kemp, übersetzt von Hedwig Jahn, mit einem Nachwort von Wolfgang Kemp, Dortmund 1994.

TR = *Le Temps retrouvé,* texte présenté par Pierre-Louis Rey et Brian Rogers. *À la recherche du temps perdu,* IV, édition publiée sous la direction de Jean-Yves Tadié, Paris, Bibliothèque de la Pléiade, 1989.

*Works* = John Ruskin, *The Works* (Library Edition), hrsg. von E.T. Cook und A.Wedderburn, London 1903-1912.

# PERSONENREGISTER

IM LICHT DER FINSTERNIS von Anita Albus
ist im Februar 2011 im S. Fischer Verlag,
Frankfurt am Main, als Originalausgabe erschienen.
Eine kürzere Fassung des Kapitels »Die gemordeten
Kathedralen« ist am 11. April 2009 in der *Frankfurter
Allgemeinen Zeitung* erschienen.

ANITA ALBUS lebt als Malerin und Schriftstellerin in München und Burgund. Berühmt wurde sie vor allem durch ihre augentäuschenden Naturdarstellungen, die vielfach ausgestellt wurden. Zugleich mit der Malerei hat sich Anita Albus der Literatur gewidmet, einen Roman und Erzählungen geschrieben und mehrfach ausgezeichnete Essays verfaßt. Zuletzt erschienen bei S. Fischer *Von seltenen Vögeln* (2005), *Das botanische Schauspiel* (2007) und *Das Los der Lust* (2007).

Dieses Buch wurde in der Cicero
Poliphilus & *Blado Italic* von Wilfried Schmidberger
in Nördlingen nach den Regeln der Schwarzen Kunst
und in der bewährten Rechtschreibung gesetzt.
Die Reproduktionen fertigte die Media Connection
Ingrid Dörfel & Georg Chalimowski in München.
Den Druck besorgte Wilhelm & Adam in Heusen-
stamm auf 115 g/m$^2$ LuxoCream Bücherpapier
von Schneidersöhne, Kelkheim im Taunus.
Fein gebunden in Bamberger Leinen von
Buchbinderei G. Lachenmaier in Reutlingen.
Das Lektorat lag in den Händen
von Ursula Köhler, Frankfurt am Main.

www.fischerverlage.de